Marijan Ljubić

Erscheinungen der Gottesmutter in Medjugorje

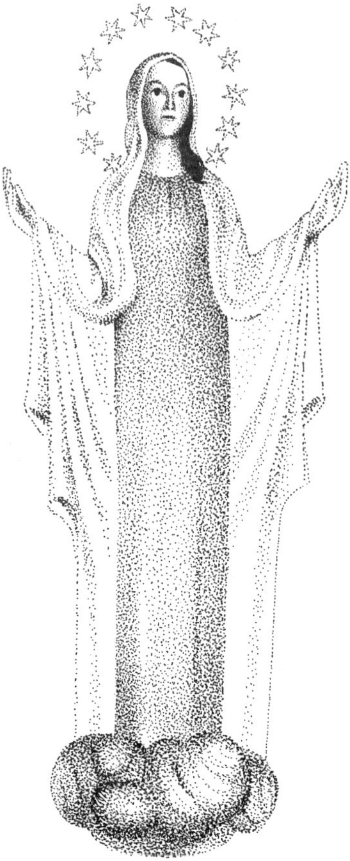

Unsere Liebe Frau von Medjugorje

Marijan Ljubić

Erscheinungen der Gottesmutter in Medjugorje

MIRIAM-VERLAG

Erklärung

Außer den erzählten Tatsachen, wie ich sie aus den verschiedenen Quellen übernommen oder selbst erlebt und gesehen habe, habe ich in diese Schrift auch meine eigenen Gedanken eingebracht. Ich möchte hier betonen, daß es meine persönlichen Meinungen sind, die aber in keinem Fall unbedingt richtig sein müssen. In allem jedoch, was die Echtheit der Erscheinungen und Wunder betrifft, wie auch diese meine Erwägungen, unterstelle ich mich dem Urteil der heiligen katholischen Kirche.

Titelbild:

Dorfkirche von Medjugorje

10. Auflage, 91. - 100. Tausend, Februar 1989

Gesamtherstellung:

Miriam-Verlag, D-7893 Jestetten

ISBN 3-87449-138-2

INHALT

VORWORT 7
Medjugorje 9
Medjugorje geographisch und geschichtlich 12
Die Erscheinungen 14
Das erste Gespräch mit der Gospa 15
Die dritte Erscheinung der Gospa 17
Weitere Erscheinungen der Gospa 18
Der Pfarrer war nicht daheim 20
Der Pfarrer fragt die Seher aus 23
Ich kenne meine Schwester, sie lügt nicht. 25
Die Erscheinung bei Cerno 29
Verhöre und Verfolgungen 31
Vom Berg in die Kirche 35
Die erste Abendmesse. 36
Der religiöse Aufbruch in Medjugorje 41
Große Pilgerscharen aus dem ganzen Land 44
Pilger und Priester auf dem Berg Crnica 45
Verhöre, Verhaftungen und Beschlagnahmungen 46
Die Botschaft der Gospa 49
Botschaften für Priester und Ordensschwestern 51
Maria betet vor dem Kreuz ihres Sohnes 52
Sichtbare und geheimnisvolle Zeichen 53
Die anvertrauten Geheimnisse. 55
Die »Königin des Friedens« 56
Die Seher der Marien-Erscheinungen 58
Die Gospa und die Seher 60
Die Gospa lehrt Volk und Seher beten 68
Die Gospa »Mutter« ihres Volkes 70
Die großen Opfer und Aufgaben der Seher 75
Gott erwählt einfache und ganz natürliche Menschen . 79
Ivans Tagebuch 81
Die falschen Berichte im In- und Ausland 86

Warum so viele Marienerscheinungen? 87
Andere Erscheinungsorte der Gospa 88
Wunderheilungen 90
Einige Merkwürdigkeiten......................... 97
Die Stellungnahme der Bischöfe 99
Das weitere Verhalten der staatlichen Behörden 103
Der erste Jahrestag 108
Wie ich Medjugorje erlebt habe 113
Warum keine Erscheinungen vor gr. Volksmengen? . 125
Die letzte Aufforderung zu Gebet und Umkehr 126
Noch einige Berichte aus Medjugorje.............. 128
Die apokalyptische Endzeit 130
Die Botschaft verbreiten!....................... 133
Alles beruht auf Offenbarungen und Erscheinungen . 135
Neue Berichte aus und um Medjugorje (Mai 83) 140
Verschiedene neue Mitteilungen aus Medjugorje 148
Neue Erscheinungen der Gospa in Medjugorje...... 158
Dringender Aufruf zur Bekehrung 160
Neue Sehergruppe in Medjugorje 163
Die Gebetsgruppe 166
Aufruf der Priester von Medjugorje............... 169
Eine plötzliche Bekehrung 171
Die Geschehnisse machen nachdenklich............ 172
Bedeutende Geschehnisse im Jahre 1983 176
Medjugorje ist ein Appell an die ganze Welt 179
Neue Berichte aus dem Jahre 1984 183
Die Seher und die Botschaften................... 185
Zweitausendster Geburtstag der Mutter Gottes...... 189
Verschiedene Berichte — Eine wunderbare Heilung. . 192

ANHANG

Medjugorje — von anfänglichen Zweifeln.......... 197
Bericht von Fachexperten an die kirchl. Behörden . . . 204
Erlebnisbericht von Pfr. Werner Schur, Kartisch 213

VORWORT

Als ich das erste Mal von den Marienerscheinungen in Jugoslawien hörte, war ich sehr zurückhaltend und legte mich auf keine Weise fest, ob echt oder unecht. Ich sagte mir, wenn sie echt sind, dann bringt dies ein so gewaltiges Geschehen ins Rollen, das nicht abzusehen ist. Jugoslawien ist doch ein Land, das unter einem kommunistisch geführten Regime steht und nach atheistischer Doktrin geleitet und regiert wird. Die Religion will man mit allen Methoden der atheistisch-marxistischen Ideologie seit vielen Jahren ausrotten. Wir wissen aus vielen Berichten, daß Widerstand oft mit Haft oder gar mit dem Leben bezahlt werden muß. Denn dies gilt als ein Angriff auf die Verfassung und das Staatswesen. Der Kirche gewährt man nur ein armes, sehr eingeschränktes Vegetieren am Rande des Existenzminimums unter scharfer Aufsicht und Überwachung von seiten der staatlichen Behörden. Weil man weiß, daß man die Religion nicht mit Gewalt ausrotten kann, so will man sie langsam aussterben lassen, indem man vor allem die Jugend davon fernhält und sie durch atheistische Schulung vor Ansteckung zu bewahren sucht.

Nun lernte ich den Verfasser dieser Schrift persönlich kennen, einen Priester, der es sich zur Aufgabe gemacht hat, das Geschehen der Gottesmutter in Jugoslawien der Welt bekannt zu machen. Ich merkte gleich: er ist kein Schwärmer, kein Phantast, obwohl er eine kindlich fromme, innige Liebe zur Gottesmutter im Herzen hat. Auch mußte ich feststellen, daß sein Glaube so echt und fest im katholischen Denken verwurzelt ist, in Verbundenheit mit der römischen Kirche und dem Papst. Nun begann ich die ganzen Berichte zu studieren und kritisch zu prüfen. Immer mehr kam ich zu der Überzeugung, daß diese Erscheinungen wohl der Schritt der Unbefleckten Jungfrau über den Eisernen Vorhang ist. Zwar wählt sie die kleine, geöffnete Tür (Jugoslawien) zum freien Westen, die wegen der Devisen offen ist, aber die Tatsache besteht, daß die Jungfrau im Osten, in der Herzegowina, festen Fuß gefaßt hat. Sie wurde vom Volk und Klerus nicht abgewiesen, sondern mit viel Liebe und Opferbereitschaft angenommen. Der Ortspfarrer des Erscheinungsortes und seine geistig verbundenen Mitarbeiter sind um der Erscheinungen willen in den Kerker gegangen. Wer würde dies im freien Westen tun? Um des Zeugnisses willen in den Kerker! Zeugnis für die Erscheinungen der Jungfrau! Ja, der Autor hat recht, wenn er in seinem Bericht betont, daß bei diesen Erscheinungen so vieles anders als bei den Erscheinungen im Westen ist. Dies gibt uns viel zu denken, denn der geistige Aufbruch des gläubigen Volkes im Osten ist weit kräftiger als im Westen.

Es ist das Anliegen dieses jugoslawischen Priesters, die Erscheinungen der Gottesmutter in Medjugorje überall bekannt zu machen. Die Bedeutung davon können wir im gegenwärtigen Augenblick nicht ersehen. Sicher aber ist, daß ein geistiger Erdrutsch in den atheistisch regierten Ländern bald folgen wird und daß keine Macht diesen Prozeß aufhalten kann.

Josef Künzli

Medjugorje

Medjugorje (sprich: Médschugorje) ist ein Dorf im Karstgebiet der Herzegowina, Jugoslawien, in einer nicht sehr großen, aber doch sehr schönen Ebene zwischen den kalksteinigen Bergen. Davon kommt auch sein Name: Medjugorje = Zwischengebirge, oder etwas, was zwischen den Bergen liegt. Es befindet sich am südöstlichen Rand der Ebene, bei der Straße, die von Mostar in Richtung Süd-Südwest nach Ljubuški führt. Die Straße führt über Čitluk, wo der Gemeindesitz ist. Etwa drei km weiter zweigt der Weg nach Medjugorje ab, das zirka zwei km weiter südöstlich liegt.

Die Pfarrei Medjugorje wird schon im Jahre 1599 erwähnt. Während der türkischen Herrschaft ist sie zugrundegegangen, wie alle anderen in der Herzegowina. Als im 18. Jahrhundert die ersten Pfarreien in diesem Gebiet erneuert wurden, gehörte Medjugorje der Pfarrei Brotnjo, später Gradnići in Brotnjo genannt, an. Im Jahre 1892 wurde die Pfarrei Medjugorje aufs Neue gegründet und den Franziskanern der Provinz Herzegowina anvertraut. Die alte Pfarrkirche, 1897 auf weichem und unsicherem Boden gebaut, wurde bald baufällig. Noch vor dem letzten Weltkrieg wollte man eine neue Pfarrkirche bauen, von der die Pläne schon fertig waren und viel Material angeschafft war. Im Krieg (1941 -1945) ist dann alles verlorengegangen. Nach dem Krieg hat man von neuem damit begonnen und 1969 war die Kirche schon im Gebrauch, groß und geräumig, mit drei Schiffen und zwei Türmen, dem hl. Apostel Jakobus dem Älteren geweiht. Ungefähr in denselben Jahren wurden in den umliegenden Dörfern der Pfarrei noch drei Kirchen gebaut. Nur das Dorf Bijakovići hat keine Kirche. Die alte Kirche war eigentlich in Bijakovići, aber ganz am Rande des Dorfes. Die neue, nur etwa 200 m weiter entfernt, befindet sich schon in Medjugorje. Von der alten Kirche stand bei Beginn der Erscheinungen nur noch die Ruine. Im Frühjahr 1983 wurden auch die Ruinensteine weggeräumt.

Der größte Teil des Dorfes Medjugorje liegt unterhalb des Berges Kriĉevac, der sich in einiger Entfernung von der Pfarrkirche an der südöstlichen Seite erhebt. Auf seinem Gipfel haben die Pfarrangehörigen von Medjugorje im Jahre 1933 ein etwa 12 Meter hohes Betonkreuz gebaut. Die Leute haben das notwendige Material selbst auf ihren Schultern hinaufgetragen. Vom Kreuz hat der Berg seinen Namen bekommen: Kriĉ = Kreuz, Kriĉevac = Kreuzberg, Kreuzstelle.

Die Felder sind hier, wie überall im Karstgebiet, meistens klein und oft mit Steinen umzäunt, die man aus der Erde herausgelesen hat. Hier gibt es nicht viel Regen, keine Wasserquellen oder Brunnen. Die Hauptkulturen sind Tabak und Weingärten.

Der Gipfel mit dem Kreuz befindet sich am rechten Ende des Bergrückens (von der Kirche aus gesehen). Der Berg ist ziemlich langgestreckt. Weiter links auf der Ostseite, in einem Bogen, befindet sich der Berg Crnica (= etwas Schwarzes), der niedriger ist als Kriĉevac. Unter diesem Berg und dann weiter entlang des Weges, der zur Kirche führt, befindet sich größtenteils das Dorf

Bijakovići. Der Teil des Dorfes, der unmittelbar beim Berg liegt, heißt Podbrdo (unter dem Berg). Ein Weg der im Dorf überall geteert ist, führt dann ungeteert weiter, zuerst unterhalb des Berges Crnica, dann nach einem Bogen nach rechts nächst dem Berg Križevac, wo etwas weiter schon die Häuser des Dorfes Medjugorje beginnen.

Auf dem Berg Crnica, über dem Dorfteil Podbrdo und etwas weiter, haben die Erscheinungen der Gottesmutter begonnen.

* * *

Medjugorje — geographisch und geschichtlich

Sehr bedeutungsvoll ist die geographische Lage des Ortes, wo die Gospa* erscheint: in einem sozialistischen, kommunistisch regierten Land, aber sozusagen schon an der Grenze, nicht weit von der Adria, an derem anderen Ufer schon die »freie« Welt beginnt. Sie erscheint in einem Land das sehr viele Bürger als Gastarbeiter im Ausland hat, um ihr Brot zu verdienen. Sie erscheint aber auch in einem Land in das große Scharen von Touristen aus dem Ausland kommen, das also eine »offene Türe« zum freien Westen hat.

Jahrhundertelang haben in diesem Land die Türken geherrscht, Terror ausgeübt und unauslöschliche Spuren hinterlassen. Hier ist, — wenn man auch die weitere Umgebung dazu nimmt — eine Mischung der Nationen und Religionen: Katholiken, Orthodoxe und Moslems; Kroaten und Serben. Hier treffen sich in gewisser Weise der Kommunismus und Kapitalismus, und im religiösen Bereich der katholische Westen, der orthodoxe Osten und der moslemische Orient. Es wäre wirklich sehr schwer, noch einen geographischen Punkt zu finden, der schon von sich selbst soviel für die Botschaft der Gospa sprechen würde. Und hier kommt die Gospa mit ihrer Botschaft der Versöhnung, Vergebung und Frieden, und hier betont sie mehrmals, daß *alle ihre Kinder* seien, auch die Orthodoxen und Moslems.

---

*Gospa = eigentlich Frau, aber in dieser Form wird das Wort nur als Bezeichnung für die Gottesmutter gebraucht, besonders in südlichen kroatischen Regionen. Im Dialekt heißt es Gospe.

Doch die nähere Umgebung (Westherzegowina, westlich vom Fluß Neretva) ist das reinste kroatische und katholische Gebiet, wo es erst in der neuesten Zeit Ankömmlinge der anderen Nationen und Religionen gibt, aber noch immer in ganz geringer Minderheit. In religiöser Hinsicht ist dieses Volk wahrscheinlich von allen Kroaten seinem Glauben am treuesten geblieben. Alle Pfarreien dieser Gegend werden von altersher von Herzegowinaer Franziskaner-Patres betreut, die volkstümlich »Fratri« (= Mehrzahl, in der Einzahl »Fratar«) genannt werden und hier mehrere Klöster haben. Durch ihre Pastoraltätigkeit haben sie am meisten beigetragen, daß dieses Volk seinen Glauben bewahrt hat und von ihm auch heute noch lebt.

Und nun kommt die Gospa gerade in dieses Land, das so viele Gegensätze kennt und bringt die Botschaft der Versöhnung, in die natürlich auch die Vergebung eingeschlossen sein muß. Eben dieses wiederholte Betonen der Versöhnung auf allen Ebenen ist vielleicht das größte und wichtigste Zeichen der Echtheit der Erscheinungen.

Jeder, der mit ein wenig Objektivität darüber nachdenkt, muß einsehen, daß Vergebung und Versöhnung — die Früchte wahrer Buße und Umkehr — die einzig mögliche Lösung sowohl der Nationalfrage, sowie aller anderen Fragen mit sich bringt. Dies gilt für das ganze Land, das aus so vielen Völkerstämmen gemischt ist, aber auch für alle Länder und Völker der Erde, die so sehr unter Völkerhaß, Diskriminierung und Zwietracht leiden und mehr denn je der gegenseitigen Verständigung, Versöhnung und Zusammenarbeit bedürfen.

Die Erscheinungen

Am Mittwoch, dem 24. Juni 1981, war es wie ein Feiertag in der Pfarrei. Das Volk feiert noch immer den Tag des heiligen Johannes des Täufers als Fest. Zwei Mädchen aus Bijakovići (Pfarrei Medjugorje), die dort bei Verwandten in Ferien weilten, gingen am Fuß des Berges Crnica spazieren und sprachen miteinander. Ivanka warf zufällig ihren Blick auf den Berg Crnica und sah dort etwas Glänzendes. Sie schaute näher hin und sah eine ungewöhnliche Erscheinung, die Gestalt der Gospa, die über dem Boden schwebte.

„Schau mal, die Gospa auf dem Berg!“

Mirjana, die sich nie im Leben so etwas hätte träumen lassen, erwiderte ihr:

„Ach du, mit einer Gospa! Glaubst du wirklich, daß uns die Gospa erscheinen könnte?!“

Mirjana hatte die Gospa nicht gesehen.

Die beiden Mädchen gingen dann nach Hause.

Etwas später, gegen Abend, bat Milka, Marijas jüngere Schwester, die beiden, mit ihr zu gehen, um die Schafe nach Hause zu treiben. Sie gingen denselben Weg am Fuße des Berges. Ivanka drehte sich wieder um und schaute auf den Berg hinauf.

„Schaut, die Gospa ist wieder da!“ und sie streckte beharrlich den Finger in Richtung auf den Berg.

Da erblickten auch Mirjana und Milka überrascht die Erscheinung, die etwas höher oben auf dem Berg war und etwas wie ein Kind auf den Armen hielt. Alle drei standen da, staunend und ohne Worte.

Dann kam Vicka den Weg entlang und die beiden riefen ihr zu, sie solle herkommen. Sie waren sehr aufgeregt und haben es sehr laut gerufen.

„Was ist los, ist eine Schlange da?“ —

„Nein, keine Schlange!“ Vicka lief hinzu, aber beim Anblick der Erscheinung erschrak sie so sehr, daß sie vor Angst die Schuhe auszog und in den Strümpfen davonlief. Nach zwei oder drei Minuten kehrte sie jedoch zurück. Es wurde ihr klar, daß, wenn es die Gottesmutter ist, sie keinen Grund hat, sich zu fürchten.

Jetzt kam Ivan Dragićević mit einer Tasche voll Äpfel in der Hand. Die Mädchen zeigten auch ihm die Erscheinung — und er sah sie. Er erstarrte vor Angst, so daß ihm die Äpfel aus der Hand glitten. Er ließ sie am Boden liegen und lief davon. Als Begleiter war noch ein älterer Junge bei Ivan, der auch Ivan heißt. Er hatte nur ein Licht gesehen. Er ist zu den weiteren Erscheinungen nicht mehr gekommen, weil er meinte, daß er zu alt sei.

Die Mädchen kehrten erregt nach Hause zurück. Ihre Erregung konnten sie nicht verbergen. Doch wem immer sie von dem Geschauten erzählten, der lachte sie aus. Man sagte ihnen, sie sollten lieber davon schweigen.

Das erste Gespräch mit der Gospa

Am nächsten Abend, dem 25. Juni 1981, gingen die Mädchen um dieselbe Zeit zur gleichen Stelle. Es war um 18.30 Uhr. Keiner hatte es ihnen befohlen, doch sie fühlten sich zu dieser Stelle sehr hingezogen. Mit ihnen kam noch eine Frau mit ihrem Kind. Es waren wieder Mirjana und Ivanka. Sie riefen Vicka und dem Ivan zu, sie sollten noch Jakov und Marija holen, vielleicht würden auch die etwas sehen. Diese beiden haben sie deshalb eingeladen, weil sie die einzigen waren, die ihnen geglaubt hatten. Die Frau erblickte die Gospa und sagte: „Sie streckt euch die Hände entgegen, lauft schnell hinauf auf den Berg!" Jetzt konnten auch die Mädchen sehen, wie die Erscheinung ihre Hände ausgebreitet hatte und ihnen das Zeichen gab, näher zu kommen. Die beiden liefen schnell den Berg hinauf. Hinter ihnen waren gleich Marija, Jakov, Vicka und Ivan. Es kamen auch mehrere Leute aus dem Dorf. Sie haben nur etwas Schimmerndes gesehen. Milka war an diesem Tag nicht zu Hause, an ihrer Stelle kam ihre Schwester Marija, die als Seherin geblieben ist. Milka sah von da an nichts mehr.

Die Kinder kamen vor die Gospa, sanken auf die Knie und begannen zu beten. Vor Erregung haben alle geweint. Ivankas Mutter war vor etwa zwei Monaten gestorben. Deshalb fragte sie die Gospa, wie es ihrer Mutter gehe. Die Gospa antwortete: „Es geht ihr gut. Du sollst Dir keine Sorgen um Deine Mutter machen, sie ist mein himmlischer Engel." Dann fragten sie die Gospa, ob sie auch morgen kommen werde. „Ja, ich werde kommen."

Die anwesenden Personen sahen, wie die Mädchen sprachen, hörten aber nichts. Dann sagte jemand: „Kommt, fangen wir sie ein!" (Dies wurde zum Spaß oder auch Spott gesagt.) Die Seher wollten heimgehen, da sagte die Gospa zu ihnen: „Geht hin in Gottes Frieden!" Die Kinder kehrten um und sanken wieder auf die Knie, aber die Gospa verschwand. Der Himmel leuchtete auf, auch einige von den Anwesenden haben es gesehen.

Die dritte Erscheinung der Gospa

Am dritten Tag, es war Freitag, hatte sich schon ziemlich viel Volk versammelt. Wieder gingen die Seher auf dem Weg am Fuß des Berges Crnica, bis sie etwas sahen. Der Himmel leuchtete dreimal auf. Das Licht fiel auf eine Stelle des Berges, die etwa 60 m weiter entfernt von der Stelle liegt, wo am Tag zuvor die Gospa erschienen war. Dort ist ein Pfad, so daß man zwischen dem Gestein noch einigermaßen gut gehen konnte. Hier aber sind nur Steine und Löcher, Gras und Gestrüpp. Die Augenzeugen berichten, daß die Kinder, wie auf Flügeln getragen, über alle Steine und Felsbrocken und durch das weglose Dornengestrüpp der Gospa entgegeneilten, wo es normalerweise sehr schwer ist, auch nur langsam und vorsichtig zu gehen. Keines von ihnen hatte sich dabei verletzt, obwohl das Gestrüpp durch die vielen Dornen fast undurchdringlich war. Schon das allein schien den Augenzeugen als ein Wunder.

Die Kinder kamen also in kurzer Zeit zur Erscheinung. Mirjana und Ivanka wurden vor Erregung und Erschöpfung für ganz kurze Zeit ohnmächtig. Vicka besprengte die Erscheinung mit Weihwasser und sagte: „Im Namen des Vaters und des Sohnes und des Heiligen Geistes. Wenn Du die Mutter Gottes bist, bleib da. Wenn Du sie nicht bist, geh weg!“ Die Gospa aber lächelte nur. Dann fragte Mirjana um ihren verstorbenen Großvater, den sie sehr lieb gehabt hatte. Ivanka fragte wieder nach ihrer Mutter. — Die Gottesmutter: „Es geht ihr gut.“ Ivanka: „Hat meine Mutter irgend etwas gesagt?“ — „Sie hat gesagt, ihr sollt der Oma gehorchen und ihr helfen, weil sie alt ist!“ Ivanka fragte: „Meine Gospa, wie ist dein Name?“ Sie antwortete: „Ich bin die selige Jungfrau Maria.“ Dann fragten die Kinder, warum sie gerade hierherkomme, gerade zu ihnen. „Wir sind ja wie alle anderen, nichts Besonderes.“ Die Gospa sagte, sie suche nie die Besten. Sie sei gerade hier erschienen, weil sie den Wunsch habe, unter den Gläubigen zu sein. Sie drehte sich um und schaute einen jeden von den anwesenden Personen an.

Sie wünscht, daß das Volk sich bekehrt, und alle begreifen, daß sie auf den rechten Weg zurückkehren sollen, solange es noch Zeit dazu ist.

Die Seher verlangten am Schluß von der Gospa ein Zeichen, um vom Volk nicht verhöhnt zu werden.

Weitere Erscheinungen der Gospa

Am Samstag fragten die Kinder vieles die Gospa. Mirjana sagte z.B.: „Man wirft uns vor, daß wir Rauschgift genommen haben oder fallsüchtig sind.“ —

„Meine Kinder, in der Welt gab es immer Unrecht, so auch hier. Ihr sollt nicht darauf achten!“

Am Sonntag war schon eine so große Menge da, wie kaum einmal bei einer religiösen Versammlung in der Herzegowina.

Mirjana: „Wir haben eben wieder nach einem Zeichen für dieses Volk gefragt, da drehte sie sich um, schaute das Volk an und lächelte.“

Bei den Erscheinungen schwebte die Gospa immer ca. 30 cm über dem Boden. Manchmal wurde sie wie auf einer Wolke stehend gesehen.

Bei den ersten Erscheinungen stand sie wie auf einer kleinen Wiese von etwas mehr als 50 cm Durchmesser. Sonst schwebte sie in der Luft. Sie ist sehr schön, schlank, ca. 160 cm groß. Jakov in seiner kindlichen Art sagte: „Nie habe ich eine schönere Frau gesehen!"

Sie ist mit einem grauen, langen Gewand bekleidet, das auch die Füße bedeckt. Es ist eigentlich unmöglich, die Farbe zu beschreiben. Sie ist grau, aber als wäre sie nicht grau, eine unbeschreibliche Farbe. Ein weißer Schleier bedeckt den Kopf und reicht bis zum Boden. Auf dem Kopf hat sie eine Krone, die glänzt wie Sterne. Ihre Augen sind blau, die Wimpern schwarz, der Mund klein und rot, die Wangen rosig, die schwarzen Haarlocken sind unter dem Schleier sichtbar. Sie ist jung, etwa 20 Jahre alt, sie ist so, daß man sie immer nur anschauen möchte. Sie spricht mit einer milden Stimme normaler Stärke, der Ton der Stimme ist unbeschreiblich, wie Musik oder Singen oder Läuten der Glocken.

Jemand hat die Seher gefragt, welche Sprache die Gospa spricht. — „Kroatisch, natürlich!" Die Kinder sagten noch, die Gospa spricht eine schöne kroatische Sprache, nicht so wie sie, also nicht im Dialekt.

Sie zu sehen, ist eine unaussprechliche Freude. Jakov: „Wenn ich jetzt auch sterben müßte, würde ich es nicht bedauern, weil ich die Gospa gesehen habe!" Mirjana: „Und dann dieses sehnsüchtige, ungeduldige Erwarten! Wir zählen die Minuten und schauen immer auf die Uhr, ob nicht schon die Zeit ist, mit dem Beten zu beginnen.* Und dann die Angst, wir hätten vielleicht etwas ange-

---

* Mirjanas Großmutter hat den Kindern vor der zweiten Erscheinung geraten »sieben Vaterunser, Ave Maria und Ehre sei dem Vater« zu beten, was sie auch jeweils taten.

stellt, so daß sie nicht mehr kommen will. Es ist eine große Freude, wenn wir sie schauen. Wenn ich bei ihr bin, würde ich am liebsten vor innerer Freude und Ergriffenheit weinen.“

Am Anfang machten sich viele über die Seher lustig. Den Mädchen hat man im Spott den Namen »Gospica« (Verkleinerungsform von »Gospa«) gegeben. Es tat ihnen allen sehr leid, deshalb baten sie die Gospa um ein Zeichen, so daß alle ihnen glauben müßten. Doch schon nach ein paar Tagen haben sie keine Rücksicht mehr darauf genommen, was man über sie sagte.

Sie haben die Gospa gebeten, dem ganzen Volk zu erscheinen, so daß alle sie sehen könnten. Sie sagte nur: „Selig, die nicht sehen und doch glauben!“ Sie drehte sich wieder um und schaute das Volk an. „Sie sollen so glauben, als würden sie mich sehen.“

Eine Ärztin wollte ganz aus der Nähe das Geschehen verfolgen. Sie fragte, ob sie die Gospa berühren dürfte. Die Gospa antwortete: „Immer gab es ungläubige Judasse, sie soll kommen!“ Die Ärztin hat sich seitdem geändert. Es ist aber nicht bekannt, ob sie sich ganz bekehrt hat.

Der Pfarrer war nicht daheim …

Fra Jozo Zovko ist erst Ende Oktober 1980 als Pfarrer nach Medjugorje gekommen, also nur etwa acht Monate vor Beginn der Erscheinungen. Dieser Wechsel ist ihm sehr schwer gefallen. Er selber sagt, daß er seine frühere Pfarrei nicht vergessen konnte, Posušje, im Nordwesten der Herzegowina, nördlich von Imotski. Er fühlte sich wie die Israeliten, die um Ägypten getrauert haben. Mit viel Mühe hat er sich dem Plan Gottes gefügt und mit der Arbeit in seiner neuen Pfarrei begonnen.

Mit dem Auge eines erfahrenen Priesters betrachtet, der die Pastoralverhältnisse in kroatischen Gebieten kennt, konnte man damals Medjugorje noch als eine sehr gute Pfarrei ansehen. Aber P. Jozo fühlte alle Mängel seiner neuen Pfarrei: Man empfing die hl. Sakramente selten, in den Familien betete man kaum noch gemeinsam, ein oberflächlicher Traditionalismus beherrschte das ganze christliche Leben seiner Pfarrkinder. Er bemühte sich um die Jugend, die Eltern und die Terziaren (der Dritte Orden des hl. Franziskus) und hatte dabei doch immer das Gefühl, daß sie ihn nicht verstanden. Sie warfen ihm vor, er verlange von ihnen vieles, was die anderen nicht verlangt haben. Das Fasten und die Buße waren auch für die Terziaren eine „harte Rede", und sie reagierten ganz offen. Außer in der Fastenzeit haben praktisch alle am Freitag Fleisch gegessen, weil „die Kirche es erlaubt hat". Allen fehlte das Gefühl für die universale Kirche, ihre Meinungen und Bedürfnisse, genauso wie das Bewußtsein der Verantwortung für die gesamte Kirche. Er fühlte, wie wenig Verständnis seine Pfarrkinder aufbrachten, aber er wollte in jedem Fall bis zum Ende ausharren.

Vom 17. - 24. Juni 81 hielt er den Franziskanerinnen Exerzitien im Kloster Ivanić in Nordkroatien, ca. 40 km südöstlich von Zagreb. Sein Wunsch und seine Meinung dabei war, und das empfahl er den Schwestern ins Gebet, daß der Herr mit seinem Geist seine Pfarrei in Bewegung bringe. Sie haben das akzeptiert und in seiner Meinung gebetet. Er versuchte mehrmals seinen Kaplan in Medjugorje anzurufen, Fra Zrinko, konnte aber keine Verbindung bekommen. Erst als die Exerzitien beendet waren und er nach Zagreb kam, erfuhr er, daß das Genossenschaftsheim in Medjugorje vom Blitz getroffen und ganz ausgebrannt sei. In diesem Gebäude war das Postamt und der Disco-Klub untergebracht. Infolge des Brandes kam die telefonische Verbindung nicht zustande.

Mit dem Flugzeug reiste P. Zovko dann von Zagreb nach Split, fuhr mit dem Bus nach Imotski und kam mit dem Taxi spät abends in seine frühere Pfarrei Posušje. Hier bekam er alle Einzelheiten über den Brand in Medjugorje zu hören, aber nichts über die Erscheinungen der Mutter Gottes, weil die dortigen Franziskaner selbst noch nichts davon wußten. Am nächsten Vormittag besuchte er seine Mutter im Krankenhaus in Mostar, es war am Samstag, den 27. Juni 1981. Vor dem Krankenhaus sah er das Auto des Gesundheitsheimes von Čitluk, und darin eine Frau mit verbundenen Händen und Füßen, die er kannte. Sie war aus Bijakovići. Diese Frau fragte gleich: „Wo ist Zrinko?“ — „Was ist mit ihm los?“ Er dachte, seinem Kaplan sei etwas zugestoßen. — „Bei uns erscheint die Gospa und er ist nicht daheim!“ Weil er wußte, daß diese Frau etwas an geistigen Störungen litt, nahm er ihre Worte nicht ernst. Als er aber kurz danach Medjugorje erreichte, bekam er gleich von einer Schwester zu hören, daß die Frau doch recht gehabt habe. Sechs Kinder sagen, daß die Gospa ihnen erscheint. Das Volk kommt an die Stelle der Erscheinung aus dem ganzen Brotnjo und dem Gebiet von Ljubuški zusammen. Der Platz vor der Kirche und dem Pfarrhaus ist voll von Autos, eine große Volksmenge ist anwesend.

Der Pfarrer fragt die Seher aus

Fra Zrinko hatte schon mit den Sehern gesprochen und das Gespräch aufgenommen, aber daraus konnte Pater Zovko nicht klug werden. Pater Zrinko hatte den Verdacht geäußert, Mirjana habe vielleicht aus Sarajevo Rauschgift mitgebracht. Diesen Verdacht hatten auch schon einige andere. Einige Kinder sagten, sie hätten die Seher am Berghang über den Häusern von Bijakovići rauchen gesehen. So sagte man sich, sie haben vielleicht Zigaretten mit Rauschgift geraucht. Pater Zovko wollte mit den Sehern sprechen, aber Pater Zrinko wollte nicht allein ins Dorf fahren, um sie zu holen. So fuhren sie zusammen. Bald schon begegneten sie den Sehern auf der Straße, da diese mit einem Kombiwagen zu ihnen fuhren.

Pater Zovko kannte niemand von ihnen persönlich. Nur Vicka war seine Schülerin im Religionsunterricht, aber auch sie hat er nicht näher gekannt. Ihre Familien kannte er ebenso wenig. Keiner von den Sehern war jemals anwesend bei den meditativ-charismatischen Zusammenkünften, weder bei Pater Zovko, noch bei jemand anderem. Deshalb sind die Behauptungen derer grundlos, die sagen, die Erscheinungen seien die Frucht einer solchen Tätigkeit des Pater Zovko.

So fiel ihm das Befragen der Seher am Anfang sehr schwer. Er tat dies in seinem Zimmer, fragte einen jeden für sich allein und nahm alles gleich auf Tonband auf.

Als erstes sprach er mit Mirjana und ließ sie ausführlich über sich selbst, ihr Leben und ihre Familie in Sarajevo erzählen. Die intelligente Gymnasiastin ließ sich nicht in Verlegenheit bringen. Das Gespräch war spontan und überzeugend. Schon nach ein paar Minuten mußte er zu dem Schluß kommen, daß ein Genuß oder der Einfluß von Rauschgift bei den Sehern ganz auszuschließen sei. Andere Zweifel und Verdachtmomente sind ihm aber geblieben.

Pater Zovko wußte sehr gut, daß ihn die Kommunisten schon in Posušje gehaßt hatten, so war er in Sorge, sie könnten ihm diese Sache in die Schuhe schieben, indem sie die Jugendlichen überredeten, das zu erzählen, um damit das Volk irrezuführen und ihm eine Blamage zu bereiten. Und weil er weder die Jugendlichen, noch ihre Eltern kannte, wußte er nicht, ob er ihnen Glauben schenken dürfe. Außerdem gab es immer auch die Möglichkeit, daß der Teufel im Spiele sei mit der Absicht, dem Glauben und der Kirche Schaden zuzufügen. Als er die Jugendlichen ausgefragt hatte, gingen diese nach Hause mit dem Versprechen, am Abend nach der Erscheinung wieder zu kommen.

Für den Pfarrer P. Zovko waren es schwere Tage und eine große Prüfung. Er war sich der großen Verantwortung bewußt, die auf ihm lag. Am Nachmittag stauten sich die Autos auf der Straße. Das Volk strömte dem Berg zu. Eine große Menge war bereits am Berg zwischen den Dornsträuchern zu sehen. Auch der Kaplan und der andere Franziskanerpater gingen in ziviler Kleidung dorthin. Pater Zovko ging nicht. Aus dem Schatten einer riesigen Zypresse schaute er zum Berg, auf den das Volk von allen Seiten zuströmte. Jeder hatte nur den einen Wunsch, möglichst nahe bei den Sehern zu sein. Es war offenbar nur pure Neugierde. Alle erwarteten, etwas Außergewöhnliches zu sehen und zu erleben. Als sie zurückgingen, konnte man ihre Flüche hören. Sie lästerten, weil sie nichts von dem erlebten, was sie erwartet hatten. Es gab auch ziemlich viele Priester, die auf den Berg gingen und bei der Rückkehr zum Pfarrer kamen, begeistert durch die große Menge, die »Zeichen und Wunder« sucht. Aber auch bei den Priestern fand sich keine richtige Einstellung.

An diesem Tag, an dem P. Zovko erstmals die Seher ausgefragt hatte, kamen nachmittags Beamte des SUP und holten die Seher weg nach Čitluk und fragten sie ebenfalls aus. Danach brachten sie die Seher zur ärztlichen Untersuchung. Als diese beendet war, kehrten die Seher mit einem Taxi nach Bijakovići zurück, um noch rechtzeitig auf den Berg zu kommen, um dort die Begegnung mit der Gospa zu erleben. Nur Ivan blieb noch mit jemanden in Čitluk und kam dadurch nicht rechtzeitig auf den Berg, aber er erlebte die Erscheinung irgendwo im Dorf, als er sich zum Berg begeben wollte.

„Ich kenne meine Schwester, sie lügt nicht.“

Am Abend, nach dem Gespräch mit den Sehern, blieb Pater Zovko wieder allein mit seinem Kaplan. Er hörte sich wieder sein Gespräch mit den Sehern vom Tonband an. Dann, nach einem innigen Gebet, schlief er ein. Am Sonntag früh wurde er durch das Geräusch der Pilger geweckt. Er entschloß sich, in der Pfarrkirche zu bleiben und den Kaplan in die drei Kapellen auswärts zu schicken. Bei der Predigt gab er eine allgemeine Übersicht der Offenbarung Gottes durch die Geschichte, angefangen bei Abraham. Er fühlte dabei, daß das Volk mit viel mehr Aufmerksamkeit als sonst zuhörte. Unser Gott ist ein Gott der Lebenden, und er lebt. Er offenbart sich ununterbrochen seinem Volk. Das, was er den Menschen zu sagen hatte, das sagte er am Ende durch sein Wort, Jesus Christus, und durch seine Jünger, die als Zeugen von Anfang an mit ihm waren.

Er betonte dabei die Größe der hl. Kirche, die ein Erbe der Offenbarung und aller Verheißungen Gottes ist. Er sagte, das Leben der Christen soll seine Kraft aus den Sakramenten und aus der Bibel schöpfen. Sich bekehren und dem Evangelium zu glauben, ist unsere unumgängliche Berufung. Er sprach kein Wort über die Erscheinungen auf dem Berg Crnica, aber er sprach von Lourdes, Fatima und anderen Erscheinungen der Muttergottes und betonte dabei: Es war ein Anruf des Himmels an den Menschen, der die göttlichen Worte vergessen hat in Bezug auf seine Würde und seine Aufgaben in der heutigen Zeit. Die Tragödie des heutigen Menschen liegt darin, daß er sich gleichförmig denen gemacht hat, die die Quelle des lebendigen Wassers verlassen und sich Zisternen gebaut haben, die das Wasser nicht halten können ...

Nach der hl. Messe im Gespräch mit den Leuten war er sehr vorsichtig. Er hoffte, von ihnen etwas mehr über die Seher und ihre Familien zu erfahren, aber die Antworten waren wortkarg und allgemein gehalten. Bei den hl. Messen kündigte er für nachmittags Gebet und Meditation mit der Jugendgruppe der Pfarrei an und lud auch das Volk ein, in die Kirche zu kommen um dort gemeinsam um die Gnade der Unterscheidung zu beten und zu sehen, ob Gott hier am Werk sei oder nicht. — Später, nach der hl. Messe, fragte er die Seher wieder aus.

Es kamen etwa dreißig Personen an diesem Nachmittag zusammen. Sie beteten gemeinsam, und alle fühlten, daß ihr Glaube einer schweren Prüfung unterzogen wurde. Die Meinung dabei war, Gott möge allen den Weg zeigen, damit sie im Glauben fest blieben und nicht schwankten, und daß das geschieht, was Gottes Wille ist. Nachdem das Gebet beendet war, stellte er ihnen die Frage: ,,Was meint ihr, betrügen uns die Seher ?" Ein Mädchen erwähnte, daß hier auch Vickas Schwester Ana anwesend sei, die, etwas älter als Vicka, eine Schule als Krankenschwester absolviert hatte. ,,Was meinst du, Ana, betrügen uns die Jugendlichen, betrügt uns Vicka, du kennst sie?"

Das Mädchen wurde durch die Frage offensichtlich schmerzhaft betroffen. Sie wurde sehr ernst, ihre Gesichtszüge waren wie versteinert und Tränen strömten aus ihren Augen: ,,Ich kenne meine Schwester, sie lügt nicht!" — Erst später hat sie erzählt, daß sie immer vor der Erscheinung das Licht gesehen hatte, noch bevor es Vicka oder die anderen gesehen haben. Dieses Licht kündigte das Kommen der Gospa an. Deshalb war diese Frage gerade für sie furchtbar.

Der Pfarrer fragte nicht mehr, sondern schlug vor, in die Kirche zu gehen und dort den Rosenkranz zu beten, um zu erkennen, was Gott von ihnen in diesem Augenblick verlange, ob da Gott am Werk sei oder nicht. Eine

Menge Leute gingen schon vorbei zum Berg. Aber auch in der Kirche war es schon ziemlich voll. Der Pfarrer gab zu jedem Gesetzchen eine lange Einführung. Es war eine Rosenkranzmeditation. Alle bemühten sich, fromm und Gott gegenüber offen zu beten.

Nach dem Rosenkranz verließen alle die Kirche und gingen auf den Berg. Der Pfarrer blieb allein in der Kirche. Von da an hat er begonnen, sich von der Verdächtigung freizumachen, daß die Erscheinung das Werk eines Komplotts sein könnte. Er hatte aber noch einen Verdacht: Wenn die Kinder am Anfang gelogen hätten, so wäre es schwer, jetzt die Wahrheit zu bekennen, weil das Volk schon so in Bewegung war. Aber das mußte sich bald herausstellen, denn lange könnten die Seher das nicht durchhalten. Doch auch von diesem Verdacht begann er sich langsam zu befreien, wie auch von jenem bezüglich des Rauschgifts, der ihm am schwerwiegendsten erschienen war, weil er gerade vor kurzem darüber für die Zeitschrift »Naŝa Ognjiŝta«* einen Artikel geschrieben und viel darüber gelesen hatte. So war ihm das alles jetzt frisch in Erinnerung. Er wurde von großer Furcht ergriffen, das Übel könne auch in seine Pfarrei Eingang gefunden haben.

---

* »Naŝa Ognjiŝta« heißt auf deutsch »Unsere Feuerstätten«. Das kroatische Wort »ognjiŝte« bedeutet aber viel mehr als bloß Feuerstätte. Der Begriff stammt aus alten Zeiten, wo die Feuerstelle die Mitte allen Lebens einer Familie war. Bei allen slawischen Völkern war das Feuer im Hause, also »ognjiŝte«, etwas Heiliges, oft mit einem Ritual verbunden, besonders wenn man ein neues Haus gebaut hatte. Dann wurde das Feuer von der alten Feuerstelle in feierlicher Zeremonie hergebracht.

Am nächsten Tag, dem Fest der hl. Apostel Petrus und Paulus, als die Seher gerade in die Kirche gehen wollten, um der hl. Messe beizuwohnen, kamen Beamte von Čitluk und holten alle Seher und ihre Eltern oder Verwandten ab, und brachten sie nach Čitluk. Dort wurden sie einer psychiatrischen Untersuchung unterzogen. Am Abend fanden sich wieder alle Seher am Berg ein und erlebten mitten in einer großen Volksmenge die Erscheinung der Gospa. Damals geschah auch die Sache mit der Ärztin, die die Gospa berühren wollte.

Die Erscheinung bei Cerno

Am Dienstag, den 30. Juni 1981 nachmittags, kamen mit einem violetten »Stojadin« (Fiat 101) Kennzeichen Sarajevo zwei junge Damen und luden die Seher zu einer Fahrt durch die Herzegowina ein. Eine der Damen war eine Sozialarbeiterin in Čitluk und wohnte in Bijakovići. Sie taten es auf eine so geschickte Weise, daß die Seher nicht merkten, wo sie hinauswollten. Die andere Dame aus Sarajevo stellte sich als deren Kollegin vor. Sie wollten jedenfalls überprüfen, ob die Seher auch anderswo dasselbe Erlebnis haben werden wie auf dem Berg. Aber sie wollten noch mehr: sie wollten die Seher vom Berg fernhalten. Es fuhren alle mit, außer Ivan, dem nichts an der Fahrt lag.

Sie fuhren über Žitomislići, Počitelj, Kravica und Cerno. Unterwegs wurden die Seher bewirtet. Auf der Rückfahrt kamen sie etwa um 18.00 Uhr nach Cerno, auf dem Weg zwischen Ljubuški und Medjugorje. Hier bogen sie von der Hauptstraße ab zu einer Stelle, von wo der Berg von Bijakovići sichtbar ist. Alle Seher riefen auf einmal: „Stop!" Als das Auto am Rande der Straße anhielt, stiegen sie aus, und alle fünf Seher fielen auf die Knie, und begannen zu beten und zu singen. Eine der Damen wollte eine Zigarette anzünden. Auf einmal erschien vor ihnen eine Lichtsäule, und eine Lichtflut übergoß sie alle. Die Seher erlebten die Erscheinung, ihre Begegnung mit der Gospa, genau so wie an den Tagen vorher auf dem Berg. Die Damen wurden von Angst erfaßt. Die Zigaretten fielen ihnen aus den Händen. Es war den Damen, als würde jetzt die Sonne und diese Lichtsäule auf sie fallen. Die beiden sahen dasselbe und fühlten dieselbe Angst.

Nach der Erscheinung konnten die beiden Damen nur noch die Seher zur Kirche bringen, und dann, noch immer voll Erregung wegen des Erlebten, suchten sie gleich den Pfarrer auf und erzählten ihm alles, was sie gesehen und erlebt hatten. Und noch etwas: Die Dame aus Sarajevo war dort eine Angestellte bei der Landesregierung, ihr Vater Beamter des SUP. Die beiden Frauen bekamen die Aufgabe, die Seher jeden Tag irgendwohin zu bringen, so daß sie nicht auf den Berg gehen könnten. Zu diesem Zweck wurde für sie auf einer Bank ein Konto eröffnet, von dem sie nehmen konnten, soviel sie wollten. Ihre Auftraggeber waren der Meinung, wenn die Seher nicht mehr auf den Berg kämen, hätte auch das Volk dort nichts mehr zu suchen. Aber jetzt, nachdem sie dieses Erlebnis hatten, wollten sie nicht mehr dabei mitmachen. Gleich am nächsten Morgen ging eine der Damen nach Sarajevo zurück und die andere reiste ab nach Deutschland. Sie kamen nie mehr nach Medjugorje.

Verhöre und Verfolgungen

Als der Plan, die Seher jeden Tag irgendwohin zu bringen, mißlungen war, mußte die Miliz (Polizei) in Aktion treten. Es wurden zum Verhör gerufen oder abgeführt: die Franziskaner aus Medjugorje, die Eltern der Seher und viele andere aus dem Dorfe, einige wurden auch festgenommen, und dann die Seher selbst. Die Methode der Einschüchterung war offensichtlich die sicherste, aber hier hatte sie keinen Erfolg. Den Sehern wurde angedroht, man würde sie aus der Schule jagen, den Eltern, sie würden ihre Arbeitsplätze verlieren, oder die Pässe würden ihnen weggenommen, man werde sie aus der Wohnung vertreiben ... Die Seher haben das alles nicht ernst genommen, sondern bezeugten tapfer und ohne Angst, was sie erlebt und erfahren hatten. Sie schwiegen nur, als man mit dem Fluchen begann. Man sperrte sie sogar ins Gefängnis, dann kamen die Milizen zu ihnen in voller Bewaffnung und sagten: Von hier geht keiner hinaus! Wir tragen das nicht als Schmuck! Damit töten wir die Menschen! Ihr seid verloren! Ihr macht uns nur Unordnung!" Und dann fragten sie, wer als erster die Erscheinungen ausgedacht habe, wer sie dazu überredet oder sie das gelehrt habe. Aber die Seher ließen sich nicht einschüchtern.

Die Eltern wurden jeden Tag zu den Zusammenkünften gerufen, besonders Vickas Mutter und Mirjanas Onkel. Alles mögliche wurde ihnen angedroht. Man verlangte von ihnen, die Seher in keinem Fall auf den Berg oder später in die Kirche zu lassen. Die Milizen hielten Wache vor den Häusern der Seher, um zu verhindern, daß sie auf den Berg oder in die Kirche gehen. Die Seher stiegen dann durch die Fenster hinaus, verbargen sich überall, in den Weinbergen, Zisternen, Ställen, in einem verlassenen Turm. Sie versuchten auf jede mögliche Weise den Milizen zu entfliehen und zur rechten Zeit auf den Berg oder in die Kirche zu kommen.

Auch die Beamten des SUP dachten, daß Mirjana Rauschgift aus Sarajevo mitgebracht, und daß unter dessen Einfluß die Jugendlichen Erscheinungen haben. Aber alles Befragen in dieser Richtung blieb ohne Erfolg. Auch die Arztbefunde entkräfteten jeden Verdacht, die Seher könnten unter dem Einfluß von Rauschgift oder überhaupt irgend einer psychischen Krankheit sein. Sie wurden von den Ärzten als ganz gesund und normal erklärt, keiner ärztlichen Hilfe bedürftig.

Die ganze Pfarrei befand sich in einer Not, der Pfarrer war in Not, die Franziskaner waren in Not. Es kamen jeden Tag Franziskaner aus der ganzen Umgebung in ziviler Kleidung und sprachen über ihre Verdächtigungen, Wahrnehmungen, Meinungen und Vorschläge. Sie schlugen allerlei vor; man soll auf den Berg gehen und dort mit dem Volk beten, den Rosenkranz und anderes, einige wollten sogar dort einen Altar errichten. Was wäre aber geschehen, wenn die Franziskaner so etwas auch wirklich getan hätten?! Gott hat offensichtlich seine Pläne gehabt, und alles sollte dem dienen, diese Pläne zu verwirklichen. Der Pfarrer aber war damals in der größten Not. Alle anderen gingen nach Hause, beschäftigten sich mit anderen Dingen, um wenigstens für eine kurze Zeit ihre gemeinsame Sorge zu vergessen. Nur der Pfarrer mußte allein bleiben und alles selber lösen. Er mußte in Glauben und Gottvertrauen ausharren.

Die Kapelle in der Kirche, in der die Erscheinungen stattfinden

Das Innere der Kirche von Medjugorje

Am Mittwoch, den 1. Juli nachmittags, war P. Zovko allein in der Kirche und betete kniend in einer Bank. Eigentlich war er jeden Tag nachmittags in der Kirche, allein im Gebet, während das Volk an der Kirche vorbei zum Berg strömte, von Neugierde getrieben. Er war von alledem, dieser Neugierde und Sensationslust in seinem Inneren verletzt und verwirrt, noch mehr, als er die Flüche hörte, als die Menschen vom Berg zurückkamen. Er fühlte kein Bedürfnis, selbst auf den Berg zu gehen. Auch an diesem Tag war er allein in der Kirche, in Gebet und Betrachtung. Er betete Psalmen aus dem Brevier, und im Herzen betrachtete er die Ereignisse aus der Geschichte unserer Erlösung.

Es kam ihm Abraham in seiner großen Not in den Sinn, Mose ... „Mein Gott, dieses Volk kommt da zusammen, strömt hierher in diese meine Pfarrei. Ich empfinde, es ist eine große Prüfung. Was soll ich tun?" Er hatte Angst, der Teufel könnte sich dessen bedienen, die Feinde des Glaubens könnten es ausnützen. „Gott, wenn du etwas von diesem Volke willst, wenn du von mir etwas willst, ich bin bereit, sag es mir nur!"

Während er so betete, wirklich mit ganzem Herzen betete, bewußt seiner Verantwortung vor Gott, vor seinem Gewissen, vor der ganzen Kirche, da fühlte er, daß er gerade hier sein und beten sollte, um auf ein Zeichen Gottes zu warten, bis Gott selbst ihm zeigt, was er tun soll. —

Auf einmal hörte er eine klare Stimme, als würde jemand dicht neben ihm sprechen: „Geh hinaus und nimm die Kinder in Schutz!" Er erhob sich sogleich aus der Bank und ging zur Mitteltür. Er griff nach der Klinke, öffnete die Tür nach außen, machte den ersten Schritt und konnte den zweiten nicht mehr ausführen — denn alle sechs Seher stürzten wie ein Bienenschwarm auf ihn zu und riefen: „Die Milizen jagen uns, verbirg uns!"

Er eilte mit ihnen ins Pfarrhaus, schloß die Türe auf und sperrte alle Seher in ein unbewohntes Zimmer.

„Bleibt hier, seid ruhig und schweigt!" Und er ging aus dem Haus.

Da kamen drei Milizen von der Kirche hergelaufen, hielten an und fragten ihn: „Haben Sie die Kinder gesehen?" —

„Ja!" Und sie liefen weiter, den Weg nach Bijakovići, während die Seher im Hause blieben.

Als die Seher an einem späteren Tag auf den Berg gehen wollten, jagten ihnen die Milizen wiederum nach. Sie aber entflohen und liefen hinunter ins Dorf, durch die Weinberge, am Friedhof vorbei und kamen von der Westseite zur Kirche. Während sie in den Weinbergen unter den gespannten Drähten, an denen sich die Weinreben emporranken, hindurchkrochen, konnten die Milizen ihnen nicht so schnell folgen, und so waren sie ihnen entkommen.

An diesem Abend hatten die Seher zum erstenmal die Erscheinung im Pfarrhaus. Der Pfarrer war nicht anwesend, er hielt draußen Wache.

* * *

Vom Berg in die Kirche

Die Tage der ersten Woche der Erscheinung waren randvoll mit Begebenheiten, die alle Bewohner von Medjugorje in Atem hielten. Doch ist es heute ein Ding der Unmöglichkeit, genau festzustellen, in welcher Reihenfolge und an welchen Tagen sich die Ereignisse genau abspielten, da niemand sogleich alles notiert hat. So liegt auch der Fall mit dem Ereignis, als die Seher vor den Milizen geflohen sind. Es ist nicht ganz sicher, daß es gerade an diesem Tag war, denn es gibt Leute, die meinen, daß es etwas später geschehen sein könnte.

In dieser Zeit sagte der Pfarrer einmal zu den Seherkindern: „Kinder, bittet die Gospa und fragt sie, ob sie auch in der Kirche erscheinen würde!“ Die Schwierigkeiten waren ja sehr groß. Die Seher wurden ständig von den Kommunisten und Milizen verfolgt. Und zudem: Oben am Berg in den Dornsträuchern kann man das alles nicht organisieren, was die Gospa wünscht: ein Programm zur Bekehrung, Fasten, Buße, Gebet. Man kann oben weder die hl. Messe feiern, noch predigen, noch Beichte hören. In der Kirche kann man das alles.

Anscheinend haben die Kinder diese Frage der Gospa noch bei Cerno gestellt. Jakov fragte, ob sie auch in der Kirche erscheinen möchte. Und dann, sagten die Seher, antwortete die Gospa zögernd, ohne Begeisterung, — es schien ihnen wenigstens so: „Gut, ich werde in der Kirche erscheinen.“

Warum hat der Pfarrer verlangt, daß man in die Kirche kommt? — Diese Idee haben ihm die Kommunisten selbst eingegeben. Bei einem Verhör sagten sie: ,,Wenn das in der Kirche wäre, sei es auch, daß man die ganze Nacht hindurch betet, in Ordnung. Aber nicht dort oben am Berg!" Die Gospa selbst sollte es jetzt sagen, was sie wünscht: Wenn sie jedoch will, daß man auf den Berg geht, ist er bereit, alles zu ertragen, alle Nöte und Prüfungen. Wenn sie aber in die Kirche kommen will, dann wollen wir dies auch!

Als die Gospa geantwortet hatte, sie wolle in der Kirche erscheinen, entstand ein neues Problem: ,,Kinder, wie werden wir es jetzt dem Volke sagen? Das Volk will nicht in die Kirche, es geht auf den Berg." Da sagte Jakov, damals noch sehr klein: ,,Doch, Fra Zovko, wir haben den Leuten nicht gesagt, daß sie auf den Berg gehen sollen! Sie stören uns nur, wir haben es lieber, wenn wir allein sind. Dann sprechen wir leichter mit der Gospa. Die Leute drängen uns, drängen die Gospa, treten ihr auf den Mantel, so daß die Gospa gleich fliehen muß. Wenn sie aber will, daß die Leute in die Kirche kommen, wird sie schon selbst sorgen, daß das auch geschieht, wie auch auf dem Berg!"

Die erste Abendmesse

Am Donnerstag, dem 2. Juli, dem Fest Mariä Heimsuchung (obgleich das nach der Kalenderreform nicht mehr an diesem Tag in Kroatien gefeiert wird), war schon um ca. 13.00 Uhr der Platz um die Kirche voll mit Leuten. Je mehr die Zeit vorrückte, desto mehr kamen hinzu. Einige gingen auf den Berg, die anderen blieben. Bald kamen auch die Pilger vom Berg wieder zurück. Am Abend waren die Kirche und der Platz vor der Kirche voll mit Menschen. Der Pfarrer betete kurz, und in Eile bereitete er seine Predigt vor.

Vor der hl. Messe beteten die Seherkinder in der Kirche den Rosenkranz vor, kniend hinter dem Altar. Während der Rosenkranz gebetet wurde, erschien die Mutter Gottes in der Kirche, hinten über dem Eingang unter der Orgeltribüne und sie schwebte über dem ganzen Volk. Zu diesem Zeitpunkt hat wahrscheinlich auch Pfarrer Zovko die Gospa gesehen.

Während der hl. Messe predigte er über die Bekehrung, über die Wege, die zu Gott führen, und zwar über die Wege, die in der Erfahrung der Kirche immer wichtig waren, und das sind: die Buße, das Fasten und das Gebet. Die unübersehbare Menge des Volkes hörte zu, trank geradezu das Wort Gottes in sich hinein. Es schien, als würde sie es zum ersten Mal hören. Es fiel wie Regentropfen auf die trockene und durstige Erde und schuf in ihnen einen neuen Geist und ein neues Herz.

Erschüttert und inspiriert stellte Pater Zovko in der Predigt die Frage: „Wollt ihr mit Liebe die Gnade Gottes annehmen und mit Freude drei Tage bei Wasser und Brot fasten und in diesen Tagen nichts anderes essen zum Zeichen eurer Bekehrung und Buße, und um auch die Macht Satans und der bösen Geister von uns abzuwenden?" Laut, wie ein Donnerhall erscholl die Antwort: „Ja, wir wollen es!" — „Wollt ihr jeden Tag in euren Häusern, in euren Familien beten?" — „Ja, wir wollen es!" Es war wieder eine so kraftvolle Antwort, daß man meinte, die Wände und das Dach der Kirche würden erbeben.

Der Pfarrer fühlte nun, daß diese Menge „Ägypten verlassen hatte" und dem verheißenen Lande zu ging. —

„Wollt ihr jeden Tag in euren Familien die Bibel lesen?" — „Ja, wir wollen es!" kam die Antwort aus den Herzen der Vielen als Bestätigung einer endgültigen Entscheidung für Gott und sein Wort.

Nachher ermunterte der Pfarrer alle Anwesenden: „Unser Gott hat den Namen Jahwe. Er ist dauernd und unmittelbar anwesend bei uns, in unserem Leben, bei unserer Arbeit. Wir haben ihn leider bisher nicht oder zuwenig erkannt. Heute abend offenbarte er sich uns. Wir erkannten ihn in dieser Gemeinschaft und im Brechen des Brotes. Er machte unsere Herzen glühend, indem er uns die Schriften auslegte."

Nach der Predigt bekannten alle feierlich ihren Glauben, sagten dem Satan ab und erneuerten ihre Taufgelübde. Später taten sie es regelmäßig am Anfang der hl. Messe, nach dem Sündenbekenntnis. Pater Zovko wollte auf diese Weise den Glauben stärken, der in vielen noch schwach war, denn der Glaube an Gott muß die Neugierde und Sensationslust im Menschen überwinden. Das alles geschah immer so erschütternd, daß man die Wirkung der Gnade fühlte und sah. Sehr oft wurden die Worte durch das laute Weinen der einzelnen Sünder unterbrochen, nachdem sie mit Glauben und Überzeugung die Absage an Satan sprachen, Gott annahmen und ihre Treue zu ihm bekundeten.

Nachher haben die Seher zum ersten Mal in der Kirche und vor dem ganzen Volk öffentlich und laut ihr Zeugnis gesprochen, wie sie die Gospa geschaut haben, und überbrachten ihre Botschaften. Später haben sie das wiederholt getan. Ihr Zeugnis war überzeugend, lebendig und unmittelbarer, als würde es von jemand anderem gesprochen. Dieses Zeugnis der Seher hatte seine Wirkung. Das Volk lauschte aufmerksam, die Gnade Gottes wirkte in den Seelen.

Nach alledem schloß der Pfarrer mit der Mitteilung: „Die Gospa ist da! Hier könnt ihr eure Gebete und Gelübde verrichten. Hier sollt ihr sie suchen!"

Das Volk blieb noch lange Zeit in der Kirche, weinend und betend. Man betete dann gemeinsam die sieben Vaterunser, Gegrüßet seist du, Maria, Ehre sei dem Vater und das Glaubensbekenntnis. Danach beteten alle kniend den Rosenkranz. Alle wollten immer weiter beten, niemand wollte nach Hause. So blieben die Gläubigen bis Mitternacht. Deshalb mußte sie der Pfarrer ermahnen, nun nach Hause zu gehen und dort zu beten und am nächsten Tag wiederzukommen.

Das war in Wirklichkeit der Tag und die Stunde der Bekehrung der Pfarrei, und aller Anwesenden, die erste Welle der Bekehrungen, der so viele weitere folgten und die bis heute nicht aufgehört haben. —

Alle haben daraufhin drei Tage gefastet und kaum etwas gegessen. Man hat aufgehört zu kochen, man begann zu beten, zu weinen, Opfer zu bringen und zu beichten. Alle haben das Wort gehalten, niemand hat es gebrochen. Keine Mensa in den Fabriken war z.B. in Betrieb, ebenso kein Gasthaus. Die Menschen begannen gleich, sich das Fluchen abzugewöhnen. Unter sich haben sie verabredet: jeder, der doch geflucht hat, soll eine Strafe bezahlen. Später brachten sie das Geld dem Pfarrer für die Kirche.

Ja, so hat die Bekehrung der ganzen Pfarrei begonnen. Nun werden die Wünsche der Gospa treu befolgt. Jeden Tag beten die Gläubigen die sieben Vaterunser, Gegrüßet seist du, Maria, Ehre sei dem Vater und das Glaubensbekenntnis. Sie beten es entweder gemeinsam zu Hause oder abends in der Kirche, zusammen mit der großen Volksmenge vor dem Gottesdienst. Oft ist die Kirche so überfüllt, daß man kaum noch einen Platz finden kann. Hier in diesem schönen Gotteshaus scheinen die Predigten der Priester und die Gebete der Gläubigen eine noch größere Kraft zu haben als anderswo.

Seit diesem 2. Juli sahen die Seher ein paar Mal die Gospa in der Kirche bei der Orgeltribüne. Später sind sie, gemäß dem Wunsch der Gospa, nachdem die hl. Messe und alles andere in der Kirche beendet war, noch auf den Berg Crnica gegangen und haben dort die Erscheinung erlebt. Als das Volk das gehört hat und in größerer Anzahl zu den Erscheinungen kam, trafen sich die Seher an verschiedenen Stellen im Feld unterhalb des Dorfes oder im Wäldchen. Als das Volk auch dorthin zu kommen begann, kamen sie in den Häusern der einzelnen Seher zusammen. Die Erscheinungen waren in den Häusern von allen Sehern, weil ein jeder wünschte, daß die Gospa auch in sein Haus komme. Ab dem 15. Januar 1982 kamen die Seher in die Kapelle der Kirche und hatten dort ihre Begegnungen mit der Gospa. Als der Andrang der Pilger zu groß wurde wünschte der Bischof von Mostar, daß die Erscheinungen außerhalb der Kirche stattfinden. Daher gehen die Seher seit dem 12. April 1985 in das Pfarrhaus, das sich in der Nähe der Kirche befindet. Dort haben sie seitdem ihre Begegnung mit der Gospa.

Den ganzen Sommer 1981 hindurch kamen so viele Priester, daß täglich ein anderer den Vorsitz bei der Konzelebration der heiligen Messe hatte. Die Gläubigen standen in der Kirche so dicht gedrängt, daß man sich nicht mehr bewegen konnte. So war man gezwungen, die heilige Kommunion erst nach der heiligen Messe auszuteilen. Dann folgte das Gebet der jungen Seher, der Augenzeugen der Gospa, immer kniend. Später hat man noch einen Rosenkranz nach der heiligen Messe eingeführt. Sehr viele Kranke verlangten eine persönliche Begegnung mit den jungen Vorbetern, und so fügte man noch die besonderen Gebete für die Schwerkranken an.

Jeden Abend nach dem Gottesdienst, nachdem die Seher mit den Gläubigen das Glaubensbekenntnis und sieben Vaterunser gebetet haben, informiert ein Franziskaner die Pilger kurz über die Geschichte der Erscheinungen und über die Botschaft der Gottesmutter. Dies ist deshalb notwendig, weil immer viele Gläubige das erste Mal anwesend sind.

Die Zahl der Gläubigen, die beichten, kommunizieren und der heiligen Messe beiwohnen, wächst mit jedem Tag. Zur Beichte kommen sehr viele, die schon lange Jahre nicht mehr gebeichtet haben. Sie kommen mit allen Verkehrsmitteln und zu Fuß. Die Jugend marschiert aus allen Teilen der Herzegowina auch 60 bis 80 km. Die Leute kommen von den entlegensten Gebieten des Landes, sogar aus dem Ausland, angezogen von einem inneren Bedürfnis nach etwas, was die Welt mit all ihren verlockenden Angeboten nicht bieten kann.

Von seelischer Bedrängnis oder körperlichem Leid getrieben, finden sich hier Katholiken und Orthodoxen, Moslems und andere, Leute aller Berufe und Altersstufen zusammen. Dem unbefangenen Beobachter zeigt sich eine solche Atmosphäre der Liebe und Zuvorkommenheit, des gegenseitigen Wohlwollens und der Zufriedenheit, wie sie bei der bestorganisierten Massenversammlung wohl sonst kaum zu finden ist. Die unerträgliche Sommerhitze hindert sie nicht, den ganzen Sommer hindurch in die Kirche und bis zum 12. August auch noch auf den Berg der Erscheinung zu pilgern. Bis Ende September waren auch an Werktagen draußen vor der Kirche fast so viele Leute wie in der geräumigen Kirche. Um das Fest Mariä Himmelfahrt schätzte man die Zahl der Pilger täglich über 10 000, samstags und sonntags über 15 000, und am 15. August (Fest Mariä Himmelfahrt) über 25 000. Ebenso kamen täglich immer mehrere Priester, auch aus anderen Gebieten außerhalb der Herzegowina, um Beichte zu hören. Erst im Spätherbst ließ der Pilgerstrom etwas nach.

Wegen der vielen Autos hatte die Volksmiliz (Polizei) im Sommer eine besondere Ordnung eingeführt. Alle Verkehrsmittel mußten 1-2 km vor der Kirche parken, so daß um die Kirche eine herrliche Atmosphäre des Friedens und der Sammlung herrschte, wie geschaffen für eine persönliche Begegnung mit Gott in der Beichte, im Gebet und in der heiligen Kommunion.

Laut der allerdings unvollständigen Auskünfte haben seit Anfang Juli bis Ende Oktober ca. 200 000 Gläubige in Medjugorje die heilige Kommunion empfangen. Die Pilger, die sich den Gebetsbegegnungen von Medjugorje angeschlossen haben, brachten meistens die Früchte des einmaligen Erlebnisses auch mit nach Hause. Das persönliche wie auch das Familiengebet üben die wieder, die es schon jahrelang vernachlässigt haben. Es scheint, daß es unter den jungen Leuten mehr solche gibt, die bei Wasser und Brot fasten, als unter den älteren.

In Medjugorje und Umgebung fasten beinahe alle, mit seltenen Ausnahmen, sogar die Kinder. Es geschehen wunderbare Veränderungen im Leben der Menschen. Viele bringen überzeugende Beweise über körperliche Heilungen auf die Fürbitte der Gospa. In diesem Sommer und Herbst (1982) haben die Einwohner von Bijakovići und Medjugorje mehr als je Gott und den Menschen von ihrer Zeit und Kraft gegeben. Die Pilger erhielten Essen, Trinken und Schlafmöglichkeiten kostenlos. Sie selbst aber behaupten, daß sie von oben für ihre großzügige Opferwilligkeit viel mehr bekommen haben, und zwar etwas, was sich für Geld niemals kaufen läßt.

* * *

Große Pilgerscharen aus dem ganzen Land

Im Sommer 1981 besuchte auch eine ziemlich große Zahl der orthodoxen und moslemischen Gläubigen Medjugorje und, nach eigenen Geständnissen, schriftlichen wie mündlichen, haben sie von dort unvergeßliche Erinnerungen mitgenommen. Sie kamen auch von sehr entfernten Ortschaften: Leskovac, Zaječar, Šabac, Smederevo, Belgrad in Serbien, Subotica in Vojvodina. Auch die moslemischen Pilger kamen von weither, z.B. eine Gruppe von Zagreb (Agram).

In Medjugorje ist ein neuer Mittelpunkt der Wallfahrten entstanden, zu dem unübersehbare Ströme von Pilgern kommen. Es bietet aber nichts von alledem, was die Pilger vom wahren Zweck ihrer Pilgerreise ablenkt. Dafür gibt es um so mehr Gelegenheit, Buße zu tun, ja es zwingt geradezu zur Buße. Der Ruf der Gospa zu Gebet und Buße hat hier die volle Antwort des Gottesvolkes gefunden, das von weit her kommt, ohne Rücksicht auf die sehr großen Opfer und Anstrengungen, die diese Reise mit sich bringt. Man kommt sehr oft zu Fuß, sogar barfuß und dies aus großen Entfernungen. Es sind wenigstens zwei Fälle bekannt, bei denen Pilger aus Deutschland zu Fuß gekommen sind. Und in Medjugorje betet man viel und mit einer Glut, die sonst nur selten zu sehen ist.

Niemand kann mit Sicherheit sagen, wieviele Pilger Medjugorje je besucht haben. Eines ist sicher, daß es bis Ende Oktober 1981 über eine halbe Million waren. Einige sprechen auch von mehr. Wenigstens 100 000 haben gebeichtet, einige meinen bis 150 000. Kommunionen waren es etwa 200 000. Es ist unmöglich, die Zahlen genau anzugeben oder nachzuprüfen. Auf jeden Fall war es eine ungeheure Menge. Das wichtigste von allem ist, daß die Mehrzahl dieser Menschen von echtem Glauben und aufrichtiger Frömmigkeit geführt dorthin eilte.

Viele, die aus purer Neugierde kamen, haben sich bekehrt und wurden innerlich umgewandelt. Alle sprechen von einer ganz besonderen Atmosphäre, die dort herrscht, sowohl unter den Einheimischen, als auch unter den Pilgern, Priestern und auch Bischöfen, die von nah und fern kommen.

Pilger und Priester auf dem Berg Crnica

Am 7. August hat die Gospa die Seher eingeladen, um zwei Uhr nachts auf den Berg zu kommen und zu beten, „weil man Buße für die Sünder tun soll".

Eine Ordensschwester verbrachte die Tage vom 10.-12. August 1981 in Medjugorje. Sie hat zwei Nächte in Marijas Haus geschlafen, ganz nah beim Berg der Erscheinungen. Sie schreibt: „Oft machte mich in der Nacht das Singen wach: ‚Maria, o Maria, wie schön bist du ...' oder ‚Höre uns, o Mutter' oder auch ‚Christus in deinem Namen' und andere kirchliche Lieder. Besonders habe ich den Jungen gelauscht, die sangen: ‚Mutter Gottes, höre unsere Stimme, gib uns heilige Priester, die uns in den Himmel führen werden!' " (Die Pilger kamen die ganze Nacht hindurch auf den Berg.)

Priester und Gläubige sind bis zum 12. August auf den Berg Crnica gepilgert, haben dort gebetet und gesungen. Sehr viele Inschriften auf den Steinen zeugen dort davon: Gebete, Anrufungen und Empfehlungen der Kranken an die Gospa. Der ganze Berg ist wie eine große Pilgerkirche, übersät mit Danksagungen und Bitten des Volkes.

Die Pilger haben an beiden Stellen, wo die Gospa erschienen ist, alles Gras und Gestrüpp ausgerupft, die Erde ausgegraben, die noch zwischen dem Gestein zu finden war, und die Steine zerschlagen, um das alles als Andenken mit sich zu nehmen. Die erste Erscheinungsstelle ist mit einem größeren Holzkreuz bezeichnet, die andere mit kleineren. Beide Stellen sind vom Dorf und von der Straße unten nicht sichtbar, jedoch aus weiterer Entfernung und von der Kirche, wie auch vom ganzen Dorf Medjugorje aus. Man sieht sie wie einen helleren Fleck, dessen gelbbraune Farbe sich ein wenig abhebt von der dunkelgrauen und dunkelgrünen der Umgebung.

Am 12. August um drei Uhr früh wurden Wachposten aufgestellt, und seitdem ist der Zugang zum Berg Crnica verboten. (Inzwischen wurde das Verbot aufgehoben.)

Verhöre, Verhaftungen und Beschlagnahmungen

Am 17. August in aller Frühe kamen Beamte des SUP (Sekretariat für Innere Angelegenheiten) und verhafteten den Pfarrer von Medjugorje, Fra Jozo Zovko, und den Fra Ferdo Vlašić. Dann wurden das Pfarrhaus und die Kirche den ganzen Tag durchsucht. Das ganze Geld — Meßstipendien, Spenden der Gläubigen und das Haushaltsgeld — wurde beschlagnahmt und gleich mitgenommen. In der kommunistischen Presse und am Fernsehen war die Rede von 2 Milliarden alten Dinars, oder sogar von mehreren Milliarden. In Wirklichkeit waren es 82 Millionen alte Dinars oder 820 000 Neue Dinars, nach dem damaligen Kurs etwa 60 000 DM. Darüber berichtete Glas Koncila in Nr. 18/81 vom 13. 9. 1981.

Am 17. August 1981, nach der Verhaftung des Ortspfarrers Fra Jozo Zovko, und während der Durchsuchung des Pfarrhauses und der Kirche, wurden alle Ordensschwestern, die sich dort befanden — einige waren nur zu kurzer Aushilfe gekommen —, für den ganzen Tag in ein Zimmer eingesperrt und bekamen nichts zu essen. Auch sie wurden alle bis auf den bloßen Leib durchsucht. Das einzig Anständige dabei war, daß die Sache von einer Frau des SUP gemacht wurde. Die Schwestern protestierten dagegen, doch die Antwort war nur: „Wenn ihr nicht schweigen wollt, werdet auch ihr alle verhaftet."

Das beschlagnahmte Geld wurde zurückgegeben, aber nicht freiwillig. Alle Personen, die das Geld genommen und aufbewahrt hatten, wurden von furchtbaren Monster-Erscheinungen geplagt und konnten nirgendwo Ruhe finden. Erst nachdem das Geld zurückgegeben war, wurden sie davon befreit.

Gleich in den ersten Tagen der Erscheinungen hat in der Presse gegen all diese Geschehnisse eine wilde Kampagne begonnen, insbesondere gegen den Pfarrer Zovko und den Bischof von Mostar. Es ist unbeschreiblich, wie alles von Verleumdungen und Verdrehungen strotzte. Nur einige der ersten Artikel waren einigermaßen anständig. Diese Kampagne dauerte ungefähr bis Anfang September, um dann unerwartet aufzuhören. Seitdem findet man in der jugoslawischen kommunistischen Presse nur selten etwas über Medjugorje, und dann meistens im selben Ton. Man mußte erkennen, daß man damit eigentlich nur für die Gospa Propaganda machte, weil nun das Interesse für die Erscheinungen überall geweckt worden war.

Außerdem wurde eine Provokation versucht. Ende Juli oder anfangs August kam von irgendwo eine Gruppe junger Burschen, die kroatisch-nationalistische Lieder sang und einige Antiregime-Parolen schrieb. In der Presse wurde dann die Sache aufgebauscht und als Grund für neuerliche Angriffe gegen die Kirche und die Erscheinungen ausgenutzt. Man wollte damit die Erscheinungen diskreditieren und ihnen eine politische Färbung und Note geben. Der Versuch scheiterte aber an der musterhaften Haltung des gläubigen Volkes und der dortigen Priester. Es war gleich ganz klar, wer dahintersteckte und zu welchem Ziel dieses Spiel führen sollte.

Der Pfarrer, Fra Jozo Zovko, genießt ein sehr hohes Ansehen in der Pfarrei. Er ist sehr beliebt, besonders bei der Jugend und bei den Kindern. Er ist ein ausgezeichneter Katechet. Gerade deshalb war er ein Dorn im Auge des Regimes und mußte beseitigt werden. Oft konnte man nachher an den Zäunen, auf dem Straßenasphalt oder auf den Steinen Parolen finden, von kindlicher Hand geschrieben, wie: „Unser Pfarrer ist Zovko“ und ähnliche. Es wurde vom Regime verlangt, daß er nach der Verhaftung und Verurteilung seines Amtes als Pfarrer enthoben wird.

Fra Ferdo Vlašić war der Redakteur der Zeitschrift »Naša Ognjišta«, die eigentlich das Pfarrblatt der Pfarrei Duvno war, aber der Bedeutung nach eine Zeitschrift für die ganze Herzegowina geworden ist. Er wurde zu acht Jahren Haft verurteilt. Das ist allerdings für ihn eine sehr schwere Strafe, da er schon über 62 Jahre alt ist und bereits von 1952-60 im Gefängnis war. Sein Mitarbeiter an der Zeitschrift, Fra Jozo Križić, wurde zu fünf Jahren Haft verurteilt. Diese Zeitschrift hatte positive Artikel über die Erscheinungen gebracht. (Siehe Anhang)

Die Botschaft der Gospa

Sehr oft wiederholte die Gospa ihren Aufruf zur Bekehrung. Sie verlangte festen Glauben, beharrliches Gebet und Buße, Versöhnung, Vergebung und Frieden.

Die Seher behaupten, die Gospa verlangt die Buße im allgemeinen und Fasten noch ausdrücklich. Mirjana überbringt die Worte der Gospa wie folgt:

„Ihr sollt den Gläubigen sagen: ich brauche ihre Gebete, die Gebete des ganzen Volkes. Man soll möglichst viel beten und Buße tun, weil noch zu wenig Menschen sich bekehrt haben. Es gibt viele aus dem christlichen Volk, die noch heidnisch leben. Es gibt noch zu wenig echte Gläubige.“ —

Aus verschiedenen und wiederholten Worten der Gospa geht hervor: Sie braucht unser Gebet und unsere Buße, um *bei Gott für uns eintreten zu können.*

Obgleich sich so viele in Medjugorje bekehren, klagt sie noch immer, daß sich noch zu wenig Volk bekehrt hat, und sie ruft aufs neue zur Bekehrung auf, „solange es noch Zeit ist“.

Ende August fragten die Seher auf Wunsch eines Priesters die Gospa, welchen Namen sie noch habe. Ihre Antwort lautete: *„Ich bin die Königin des Friedens.“*

Die Seher bezeugen, die Gospa sei zufrieden, wenn das Volk sich bekehrt, sich versöhnt, betet und fastet.

Friede und Versöhnung:

Die Gospa verlangt, daß die Menschen sich untereinander versöhnen. Es ist klar, daß sie diese Versöhnung auf allen Ebenen und in allen Richtungen verlangt, von den Einzelnen und den Familien, bis zu den großen Gemeinschaften und Staaten. In den ersten Julitagen 1981, als die Gospa diese Botschaft mitteilte, war am gleichen Abend über dem Berg Kriẑevac und dem Betonkreuz am Himmel mit großen, feurigen Buchstaben geschrieben zu sehen »MIR« (=Friede). Das haben viele Ortsbewohner gesehen und auch der Pfarrer, Fra Jozo Zovko.

Mehrmals hat die Gospa zu den Kindern gesprochen über die großen Spannungen in der Welt zwischen den Staaten, und wie die Menschheit am Rande einer Katastrophe steht. Sie rief die Welt auf zur Bekehrung.

Bekehrung:

Viele Christen sind nur in den Taufregistern eingeschrieben. Sie erinnern sich aber überhaupt nicht an ihr Christentum. Die anderen besuchen die Kirche, aber ohne bewußten Glauben. Die Christen sollen für die anderen ein lebendiges Zeichen sein und diesen zur Bekehrung und zum Heile verhelfen. Alle sollen sich bekehren!

Gebet:

Es gibt Christen, die das Beten ganz vergessen haben. Man soll zum Gebet zurückkehren. Die Gospa hat deshalb als ein Minimum empfohlen, jeden Tag siebenmal das Vaterunser, Ave Maria, Ehre sei dem Vater und das Glaubensbekenntnis zu beten. Das soll man »erlebt«, ganz bewußt beten.

Fasten:

Das Fasten ist aus der christlichen Praxis fast verschwunden. Man soll es erneuern! Die Gospa rief der Welt zu, wieder zu fasten. Sie hat den Wunsch geäußert, daß man freitags bei Wasser und Brot fastet.

Diese Botschaften gab die Gospa nicht alle auf einmal. Wenn man mit den Sehern redet, erkennt man aus dem, was sie sagen, daß die Gospa immer wieder davon spricht, und daß sie erwartet, daß alle sich bekehren und echt christlich leben. Sie setzt auch voraus, daß Rat- und Hilfesuchende ihre Bitten treu und gewissenhaft erfüllen. Denn Krankenheilungen sind unmöglich ohne Fasten und Gebet. Dazu verlangt sie von den Betreffenden einen festen Glauben und großes Vertrauen auf ihre mütterliche Hilfe.

Botschaften für Priester und Ordensschwestern

Auf die Frage der Kinder, was die Gospa den Priestern und Ordensschwestern sagen will, antwortete sie: ,,Sie sollen fest glauben und über den Glauben ihres Volkes wachen!“ Diese Botschaft gab sie in den ersten Julitagen 1981. Später, als einzelne Priester der Gospa Fragen durch die Kinder stellten, was sie besonders tun sollen, war die Antwort immer so: „Tut das gut, was eure Pflicht ist und was die Kirche von euch verlangt!“

Am 13. 2. 1982 sagte sie zu Seminaristen, den zukünftigen Priestern: „Durch das Gebet erreicht man alles!“

Eine Ordensschwester schreibt mir in einem Brief über Medjugorje:
„Redet zu allen und schreibt an alle! Unsagbare Gnaden bekommt unsere Heimat durch dieses Geschenk des Himmels. Sagen wir Dank! Ich könnte noch ein Buch schreiben über die innerlichen Früchte der Begegnung mit der himmlischen Königin des Friedens.“

Maria betet vor dem Kreuz ihres Sohnes

Am 7. Dezember 1981, über das Volk schauend, das in Medjugorje betet, fastet und sich bekehrt, sagte die Gospa: „Die Menschen bekehren sich wohl, aber noch nicht alle ...“ Am nächsten Tag, am Fest der Unbefleckten Empfängnis, haben die Kinder die Gospa freudig und jubelnd erwartet, aber sie erschien ganz anders. Sie kam ernst, kniete mit ausgebreiteten Armen und betete:
„Mein innigstgeliebter Sohn, ich bitte Dich, verzeihe der Welt die schweren Sünden, durch die sie Dich beleidigt.“
Sie betete einige Zeit. Die Kinder konnten ihre Worte nicht genau und wörtlich wiedergeben. Dann betete sie mit den Kindern gemeinsam das Vater unser und Ehre sei dem Vater. Sie sagte noch, sie bete jeden Tag auf dem Berg Križevac vor dem Betonkreuz zu ihrem Sohn, Er solle der Welt die Sünden verzeihen.

Sichtbare und geheimnisvolle Zeichen

Die Gospa hat mehrmals ein Zeichen versprochen, ein bleibendes, großes Zeichen. Es soll am Berg Crnica an der Stelle erscheinen, wo die Gospa erschienen ist. Es soll dauerhaft sein, greifbar und für alle sichtbar. Das Erscheinen des Zeichens wird von anderen wunderbaren Zeichen und von vielen wunderbaren Heilungen begleitet sein. Das Zeichen wird für die gegeben, die an die Erscheinungen der Mutter Gottes nicht glauben. Für jetzt dürfen die Seher nicht mehr darüber sagen. Auf die Frage, ob sie im voraus, bevor das Zeichen kommt, das Volk davon benachrichtigen dürfen, sagten die Seher, sie wüßten es nicht. Das Zeichen wird erst dann kommen, wenn sehr viele Menschen sich bekehrt haben. Inzwischen gab es mehrere Zeichen, die viele gesehen haben, Einheimische wie Pilger, Priester und Ordensleute.

Die meisten Zeichen waren am Berg Križevac bei dem großen Betonkreuz zu sehen. Sehr viele haben berichtet, gesehen zu haben, wie sich das Kreuz manchmal gedreht hat, schneller oder langsamer in alle Himmelsrichtungen, nach Norden und Osten, nach Süden und Westen. Es wurde immer nur von unten beobachtet. Mit guten Augen kann man von unten das Kreuz sehr klar sehen.

Viel merkwürdiger ist das andere Zeichen mit dem weißen Licht: Es kommt ein Licht und verbirgt allmählich das Kreuz, an dessen Stelle wird dann die Gospa sichtbar. Das dauert einige Zeit, dann sieht man das Kreuz wie früher. Das geschah meistens freitags.

Schon erwähnt wurde das andere Zeichen, das anfangs

Juli 81 am Himmel über dem Berg Križevac abends sichtbar war. Mit großen, feurigen Buchstaben war das Wort »MIR« (= Friede) über dem Betonkreuz geschrieben. Das Umdrehen des Kreuzes, wie das weiße Licht am Berg Križevac und die Gottesmutter an seiner Stelle haben öfters Hunderte, oder gar Tausende gesehen. Eine Frau sagte, sie habe die Gospa schon fünfzehnmal so gesehen.

Die Zeichen am Križevac waren bis Januar 1982 sehr oft zu sehen, dann aber sind sie seltener geworden. Doch wurden sie auch einige Male im Frühling 1982 gesehen. Von den Sehern befragt, antwortete die Gospa: „Das sind Vorzeichen für diejenigen, die nicht glauben. Das große Zeichen kommt später, bald, sehr bald."

Alle Seher wissen, was für ein Zeichen es sein wird, aber sie dürfen es nicht sagen. Alle außer Marija wissen auch, wann es kommen wird. Aber sie dürfen keinen Termin nennen. Die Seher sprechen untereinander nicht davon. Ein jeder behält für sich, was er weiß.

Mehrmals wurden einige Zeichen auch am Berg der Erscheinungen, Crnica, gesehen. So z.B. erschien dort einmal ein großes Feuer, das man von weitem beobachten konnte. Es war so groß, daß sogar die Feuerwehr und die Miliz kamen, um zu löschen. Sie haben aber dann keine Spur von Feuer gefunden.

Einige behaupten sogar, sie hätten an der Sonne so etwas wie das Wunder von Fatima gesehen. (Das Sonnenwunder, das in Fatima am 13. Oktober 1917 etwa 70 000 Menschen sichtbar war. Viele Zeitungen hatten darüber berichtet, weil Menschen bis im Umkreis von 15 km es sahen. Daher war Massensuggestion ausgeschlossen. Die Sonne begann sich kreisförmig zu drehen und in den Regenbogenfarben zu leuchten. Näheres darüber in dem Buch: Fonseca, Maria spricht zur Welt.)

Wenn die Gospa zu den Sehern kommt, wird sie meistens durch ein Licht angemeldet. Aber oft kommt sie ganz einfach ohne Vorzeichen. Und wenn sie weggeht, wird meistens ein Kreuz, die Sonne und ein Herz gezeigt. Auf die Frage der Seher hat es die Gospa selbst erklärt: Das Kreuz, an dem ihr Sohn gekreuzigt wurde, ist ein Symbol des Glaubens. Die Sonne, die uns bescheint, ist das Symbol von Gott dem Vater. Das Herz symbolisiert die Liebe der Gospa uns allen gegenüber, insbesondere den Sündern. — Ivan erwähnt in seinem »Tagebuch« nur das Kreuz und das Herz.

Die anvertrauten Geheimnisse

Die Gospa hat den Sehern versprochen, insgesamt zehn Geheimnisse zu geben. Die ersten drei hat sie allen zusammen anvertraut. Später hat sie einzelnen Sehern, die gerade beisammen waren, weitere Geheimnisse gegeben. Bis Anfang September 82 hat Ivanka insgesamt acht Geheimnisse bekommen, von den anderen Sehern einige sieben, andere nur sechs. Am 15. August 1982 haben die Seher auch ein Geheimnis mitgeteilt bekommen. Die Geheimnisse beinhalten zukünftige Geschehnisse und man könnte sie in drei Gruppen einteilen:

Die erste Gruppe betrifft die ganze Menschheit.
Die zweite Gruppe betrifft die Pfarrei Medjugorje.
Die dritte Gruppe betrifft den einzelnen Seher.

Alle bisher mitgeteilten Geheimnisse dürfen die Seher noch immer keinem offenbaren, auch nicht dem Hl. Vater. Auf Anregung des Ortspfarrers haben die Seher die Gospa gefragt, ob sie die Geheimnisse wenigstens den kirchlichen Oberen offenbaren dürfen. Die Gospa antwortete: sie selbst werde ihnen schon sagen, wann, wem und wie sie die Geheimnisse offenbaren sollen.

Am 13. Februar 1982 sagte Marija, während Ivanka auch dabei war: „Wir haben die Gospa gefragt, ob wir die Geheimnisse offenbaren dürfen. Ihre Antwort war: ‚Einstweilen sollt ihr keinem etwas sagen.' Sie selbst wird uns schon zu wissen geben, wann wir diese offenbaren dürfen." Einige haben gedacht, vom kleinen Jakov könnte man doch die Geheimnisse herausbekommen. Er sei noch zu klein, um schweigen zu können. Aber alle ihre Bemühungen in dieser Hinsicht waren erfolglos.

Die »Königin des Friedens«

Durch die Seher hat die Gospa den Wunsch geäußert, den 25. Juni, den Tag, an dem sie zum erstenmal mit den Kindern in Medjugorje gesprochen hat, als ein Fest zu feiern mit dem Titel: »Königin des Friedens«.

Es ist interessant, daß der 25. Juni der Tag der letzten Erscheinung der Gottesmutter in Marienfried, Pfarrei Pfaffenhofen bei Ulm in Deutschland, ist. Es fanden dort drei Erscheinungen statt, am 25. April, am 25. Mai und am 25. Juni 1946. Die Botschaft von Marienfried ist theologisch sehr bedeutsam, aber leider noch viel zu wenig bekannt, auch in Deutschland.

In Medjugorje und Bijakovići selbst zweifelt kaum jemand mehr an der Echtheit der Erscheinung, außer natürlich die Parteifunktionäre. Alle Gläubigen haben die Botschaft der Gospa sehr ernst genommen. Das Fluchen (kroatisches Nationallaster) ist völlig verschwunden. Mit der Zeit spricht man im Volk, wie auch unter den Pilgern sehr wenig oder kaum noch über die Erscheinungen, genau so wenig über die vielen wunderbaren Heilungen, obgleich es viele solche gibt, und obgleich alle daran glauben. Vielmehr leben alle ein ganz neues Leben. Die Erscheinungen haben eine gründliche Umkehr gebracht, und die bleibt im Leben dieser Menschen. Alle sprechen von der innerlichen Umwandlung, Versöhnung und Vergebung. Der »Friede des Herzens«, den die Gospa versprochen hat, ist in den Menschen spürbar.

Die Pilger, die von Medjugorje zurückkehren, jung und alt, gewöhnliche Gläubige, Priester und Ordensleute, sprechen von einem unbeschreiblichen »seelischen Frieden« und innerlicher Freude, wovon sie tagelang erfüllt sind. Alle werden vom Gebet getragen und hingerissen. Vielen in der Pfarrei Medjugorje war es früher schwer gewesen, eine halbe Stunde in der Kirche zu verharren. Jetzt fällt es ihnen nicht schwer, dort auch vier Stunden lang zu beten. Nach der abendlichen Andacht, wenn die Priester sie einladen, nach Hause zu gehen, möchten viele noch länger bleiben, und bleiben auch. Alle, die dort gewesen sind, sprechen von einer ungewöhnlichen Ordnung und Stille in der Kirche. Keiner schaut den andern an, jeder ist tief gesammelt im Gebet.

Eine Ordensschwester schreibt: „Ich glaube fest an die Bekehrungen, die in Medjugorje durch die Begegnung mit der Gospa und durch die sakramentale Versöhnung mit dem Herrn geschehen, weil ich es selbst erlebt habe. Nach außen nichts Besonderes, aber meine innere Einstellung hat sich geändert. Damals wußte ich noch nicht, daß die Gospa den Namen »Königin des Friedens« hat, aber — ich habe schon in meinem Herzen die Versöhnung mit allen erlebt, mit denen ich im Unfrieden war. Ich konnte alles Unrecht vergeben, das mir angetan worden war, und glühend beten für alle, bei denen ich in Schuld stand, oder die ich beleidigt habe. Ich persönlich erlebe das als ein größeres Wunder, als wenn ich die Gospa mit eigenen Augen gesehen hätte.“

In der Kirche von Medjugorje feiert man nun jeden Abend die heilige Messe, das *Versöhnungsopfer Christi mit den Gläubigen.* Die Beteiligung ist immer sehr groß, und oft ist die Kirche überfüllt. Die Gospa sagte, diese hl. Messe soll man immer feiern zur Erinnerung an die Erscheinungen.

Die Seher der Marien-Erscheinungen

Die einzelnen Seher seien hier kurz vorgestellt:

Vida (Vicka) Ivanković, * am 3. 9. 1964, hat noch sieben Geschwister. Ihr Vater weilt meistens als Gastarbeiter in Deutschland. Sie hat nur ein Jahr Textilschule gemacht und dann, wie sie selbst berichtete, die Schule unterbrochen. Sie hat immer ein Kreuzchen auf der Brust getragen. Sie sollte im Herbst eine Nachprüfung machen, um in die 2. Klasse zu kommen. Ihr Kreuzchen hat einen

Lehrer gestört. Da sagte er zu ihr, sie solle das Kreuzchen abnehmen. Als sie es nicht tat, wies er sie von der Tür zurück und spottete noch über sie. Sie verließ darauf die Schule und fuhr mit dem Bus singend nach Hause. Als das neue Schuljahr begann, teilte man ihr mit, daß sie die Prüfung bestanden hätte und man lud sie gleichzeitig ein, wieder in die Schule zu kommen. Sie verzichtete aber darauf. Der eigentliche Grund aber, warum sie die Schule verlassen hat, lag darin, daß die Gospa vor dem Beginn des neuen Schuljahres zu den Sehern gesagt hat, sie wünsche, daß jemand von den älteren Sehern mit dem kleinen Jakov in der Pfarrei bleibt.

Mirjana Dragićevič, * 18. 3. 1965, hat noch einen Bruder. Ihr Vater ist Röntgen-Techniker in Sarajevo. Mirjana besucht dort das Gymnasium. Dort wohnt auch die Familie. Sie stammen aus Bijakovići. Dorthin kommen sie in den Ferien zu den Verwandten. Sie haben kein Haus in Bijakovići. Nach der Empfehlung der Gospa will Mirjana das Gymnasium beenden und dann die Fakultät absolvieren.

Marija (Marina) Pavlović, * 1. 4. 1965, hat noch zwei Schwestern (eine ist verheiratet) und drei Brüder. Ihr Vater ist Landwirt. In Mostar besucht sie die Schule für Friseusen. Sie wohnt dort bei den Verwandten. Über das Wochenende kommt sie nach Hause. Sie hat sich endgültig entschlossen, nach Beendigung der Erscheinungen ins Kloster zu gehen. Sie tut sich durch ihre Frömmigkeit unter allen Sehern seit ihrer Kindheit hervor.

Ivanka (Ivica) Ivanković, * 21. 6. 1966, hat noch einen älteren Bruder und eine jüngere Schwester. Ihre Mutter starb im April 1981. Ihr Vater arbeitet in einer Fabrik in Deutschland, kam aber zu Weihnachten 1981 zurück. Nach Ostern 1982 ging er wieder nach Deutschland. Mit ihnen lebt noch die Großmutter. Sie besitzen ein Haus in Mostar und leben dort. Sie kommen aber zu den Verwandten nach Bijakovići. Ivanka besuchte das Gymnasium von Mostar.

Ivan Dragićević, * 25. 5. 1965, hat noch zwei oder drei Geschwister. Er besuchte das Gymnasium im Franziskaner-Knabenseminar in Visoko bei Sarajevo. Sein Vater ist Landwirt.

Jakov (Jakŝa) Čolo, * 6. 3. 1971, lebte allein mit seiner Mutter. Am 5. 9. 83 ist sie gestorben. Nun wohnt er in der Nähe bei einem Onkel, der für ihn sorgt. Sein Vater arbeitet irgendwo bei Sarajevo und kommt nur selten nach Hause. Er hat noch zwei Töchter aus der ersten Ehe, aus der zweiten nur ihn. Jakov besuchte die Volksschule in Medjugorje. Er ging ein Jahr früher in die Schule, als es notwendig war. Er ist der ärmste von den Sehern.

Ivanka und Vicka sind Kusinen, ebenso Mirjana und Jakov.

Die Gospa und die Seher

Die Seher beten gemeinsam mit der Gospa; das tun sie die meiste Zeit bei der Erscheinung. Es ist dies eine wichtige Lektion, daß man viel beten soll. Viele empfehlen sich ihnen und bitten um eine Empfehlung bei der Gospa, besonders die Kranken. Einige empfehlen ihre Nächsten — Sünder, um von der Gospa für sie die Gnade der Bekehrung zu erbitten. Sie stellen auch Fragen, entweder aus sich selbst, oder die andere gestellt haben mit der Bitte, sie der Gospa vorzubringen. Sie singen auch vor der Gospa. Auf die Frage, welches Lied ihr am besten gefällt, sagte sie: »Christus in deinem Namen ...«

Die Gospa spricht mit ihnen und belehrt sie. Wenn sie nicht beieinander sind, berichtet die Gospa auch über die anderen, entweder von sich aus oder auf Fragen der Seher. Es scheint, daß sie ihnen auch Dinge oder Geschehnisse bekanntgibt, die sie sonst nicht erfahren könnten.

Die ganze Art und Weise des Verhaltens der Gospa zu den Sehern atmet den Geist besonderer Liebenswürdigkeit, wie in einer guten, harmonischen Familie. Die Gospa ist dabei die »gute Mutter«, die beste Mama, die mit ihren Kindern auf mütterliche Weise spricht und sie über alles unterrichtet, was sie fürs Leben brauchen. Vicka sagte: Am 20. September 1981, bei der Erscheinung um Mitternacht hat die Gospa sie und Jakov sogar geküßt. Die Gospa nennt die Seher »meine Engel« (kroatisch = »andjeli moji«, es klingt ganz anders als auf deutsch, viel zarter und intimer), gerade so, wie die Mütter oft, besonders in dieser Region, ihre Kinder aus Liebe nennen.

Die Gospa hat allen sechs Sehern das Paradies gezeigt. Die Hölle haben nur vier gesehen, Vicka, Marija, Jakov und Ivan oder Ivanka und zwar in Vickas Haus. Die anderen waren zu dieser Zeit nicht in Medjugorje. Jeden von ihnen hat dann die Gospa gefragt, ob auch sie die Hölle sehen möchten, aber zwei wollten es nicht, und so haben sie die Hölle nicht zu sehen bekommen. Die Seher behaupten, daß ihnen die Gospa dabei sagte: „Ich zeige euch das, daß ihr wißt, was für ein Lohn auf die wartet, die nach Gottes Willen leben, und was für eine Strafe auf die wartet, die Gott nicht gehorchen." Bei der Vision des Paradieses hat Ivanka ihre Mutter und noch eine verstorbene Person erkannt.

Irgendwann im Herbst 1981, bei der Erscheinung in Jakovs Haus, waren Vicka und Jakov allein. Jakovs Mutter wußte, daß sich die beiden im Zimmer befanden. Doch als sie etwas später ins Zimmer kam, waren sie nicht mehr da. So ging sie in die Nachbarschaft, um sie zu suchen, konnte sie aber nirgendwo finden. Sie kam dann wieder in ihr Haus zurück und fand die beiden im Zimmer, die ihr dann erzählten, wie die Gospa sie einfach an der Hand genommen und ins Paradies geführt habe. So waren die beiden für zwanzig Minuten aus dem Zimmer verschwunden.

Einmal, als die Seher bei der Erscheinung den Rosenkranz gebetet haben, hat sich jemand von ihnen versprochen und alle lachten. Dann schauten sie ängstlich zur Gospa, sie aber hat ihnen nur zugelächelt. Sie sammelten sich rasch wieder und beteten weiter.

Ivan war früher sehr ängstlich, scheu und zurückgezogen. Er mied die Gesellschaft nicht nur der Älteren, sondern auch der Gleichaltrigen. Die Erscheinungen bewirkten bei ihm eine sehr große Veränderung. Er wurde kühner und geselliger, bekam eine gewisse Sicherheit im Benehmen unter den Menschen.

Ivanka war auch auf eine gewisse Weise scheu und zurückgezogen. Keiner konnte sie z.B. früher dazu bringen, während der heiligen Messe eine Lesung in der Kirche zu übernehmen. Schon eine Woche nach der ersten Erscheinung trat sie mit allen anderen Sehern öffentlich in der Kirche auf und gab ihr Zeugnis, genauso Ivan.

Früher passierte es manchmal, daß Ivan um einen älteren Mann aus dem Dorf einen weiten Bogen machte, nur um ihn nicht begrüßen zu müssen. Jetzt aber hat er bei diesem Auftreten vor der vollen Kirche eine große Veränderung gezeigt, die sich in ihm vollzogen hat. Jedenfalls ist das eine schöne, positive Entwicklung der menschlichen Persönlichkeit unter dem Einfluß der großen Gnaden, die die Erscheinungen der Gospa den Sehern bringen, obgleich ihnen auch weiter ihre eigenen Probleme, Kämpfe und Kreuze bleiben. Keiner von ihnen wurde durch die Erscheinungen ein besserer Schüler als früher. Ivan entschloß sich erst nach den Erscheinungen, aber dann sehr schnell, ins Knabenseminar einzutreten. Das Lernen fällt ihm weiterhin so schwer wie früher, und im Verhältnis zu seinen Kameraden in der Schule und im Knabenseminar hat er weiter Probleme wie früher.

Am Fest Mariä Geburt erschien die Gospa in Jakovs Haus ihm und Vicka. Da streckte Jakov der Gospa seine Hand entgegen und sagte: „Liebe Gospa, ich gratuliere Dir zu Deinem Geburtstag!“ Die Gospa ergriff seine Hand, und so hatte der Kleine das einmalige Erlebnis, daß die Mutter Gottes ihm die Hand gegeben hat. Vicka wagte nicht, dasselbe zu tun, so schämte sich Jakov dann und bat sie, darüber nicht zu anderen zu sprechen, damit sie ihn nicht auslachen.

Für den 20. September 1981 hat die Gospa beide eingeladen, auf sie in Jakovs Haus um Mitternacht zu warten.

Sie sagte dann, man soll im Gebet nicht nachlassen, und bat die beiden, eine Woche lang bei Wasser und Brot zufasten. (Die Gospa bittet nur oder empfiehlt.)

Marija berichtet: Als sie eines Tages, im Sommer 1981, zu Hause in ihr Zimmer ging, sah sie unerwartet die Gospa beim Fenster. Sie rief gleich Vicka aus der Nachbarschaft. Die Gospa hat dann die beiden gefragt, ob sie ins Kloster gehen möchten. Sie sagte, sie müssen es nicht, aber sie würde sich darüber freuen. Sie sagte noch, man soll darüber nachdenken, weil es für das ganze Leben sein muß. — Auch bei einer gemeinsamen Erscheinung hat die Gospa mit den Sehern über den priesterlichen und klösterlichen Beruf gesprochen.

Am Anfang des Schuljahres, im Herbst 81, gingen die jungen Seher auseinander, jeder in eine andere Richtung. Aber alle erlebten auch weiterhin bei ihren abendlichen Gebeten die Begegnungen mit der Gospa. Nur ein paarmal blieben der Schulpflichten wegen die Erscheinungen aus. Zu Hause blieben nur Vicka und Jakov. Sie erleben die Erscheinungen regelmäßig jeden Abend. Bis Anfang Mai 1982 ist es nur fünfmal passiert, daß die Gospa nicht gekommen ist, als sie sie erwartet haben. Beide beten jeden Abend ihren Teil des Gebetes in der Kirche vor. Samstags und sonntags, wie auch an Feiertagen und in den Ferien, schließen sich ihnen auch andere Seher an, wenn sie nach Hause oder zu den Verwandten kommen, und erleben dann zusammen die Erscheinung.

Die Seherin Marija erzählte (Juli 82), daß sie auch in Mostar regelmäßig Erscheinungen hatte, wo sie die meiste Zeit während des Schuljahres war. Die Erscheinung geschah nur selten in der Wohnung ihrer Verwandten,

Blick vom Fuß des Berg Križevac auf die Pfarrkirche
Im Vordergrund Tabakfelder und Weingärten

Berg Križevac mit dem Kreuz auf dem Gipfel

wo sie sonst wohnte. Sie besuchte, wenn möglich, die Abendmesse in einer Kirche und erlebte dort nach der hl. Wandlung ihre Begegnung mit der Gospa. Sie betete dann meistens mit ihr, sonst wurde kaum etwas geredet.

Wenn mehrere Seher in Medjugorje sind, hören meistens alle die Fragen und Bitten, die einzelne von ihnen der Gospa vorbringen. Es geschieht aber manchmal, daß die anderen nichts davon hören.

Mirjana hat die Erscheinungen in Sarajevo regelmäßig. Die Gospa kam nur zweimal nicht, das sagte sie aber im voraus. Es geschah nie, daß die Gospa nicht gekommen wäre, wenn Mirjana auf sie gewartet hat. Wenn sie sich zu dieser Zeit auf der Reise befindet, was schon mehrmals geschehen ist, dann hat sie keine Erscheinung. Nur einmal während der Reise hat sie im Zug die Gospa gehört, sie aber nicht gesehen. Mirjana und andere Seher haben mehrmals während der Erscheinung Fra Jozo Zovko gesehen, er sprach aber nie mit ihnen. Sie sind davon überzeugt, daß auch er die Gospa sieht. Mirjana sagte auch, daß sie schon mehrmals am Kleid der Gospa einen schwarzen Fleck gesehen habe, als sie jemand berührte, der in der Sünde war. —

Am Anfang der Erscheinungen sagte die Großmutter zu ihr: „Wie könnte euch die Gospa erscheinen, wenn ihr mit den Jungen »aŝik« treibt?“ (Aŝik = Liebelei. Hier natürlich im weitesten Sinn des Wortes, d.h. daß sie nicht die Gesellschaft der Jungen meiden, und daß sie mit ihnen sprechen.) Mirjana hat geantwortet: „Die Gospa will aus uns keine heuchlerischen Frömmler machen!“ (Sie möchte nicht, daß sie sich unnatürlich benehmen.)

Eine Frage an die Seherin: „Wie ist die Stimme der

Gospa?“ — „Wie wenn die Glocken läuten.“

Mirjana mußte in Sarajevo das Gymnasium wechseln. Das war im Herbst 81. In der neuen Umgebung wurde eine Kollegin aufdringlich mit ihrer Freundschaft und lud sie ein, am Abend mit ihr auszugehen. Mirjana ging nicht. Da sagte ihr die Gospa bei der Erscheinung, sie solle mit diesem Mädchen jede Verbindung abbrechen, weil sie ihr unbemerkt Rauschgift geben wolle.

Bei Mirjana in Sarajevo, im kleinen Salon ihrer Wohnung, sind manchmal auch andere bei der Erscheinung anwesend. Die Gospa kommt zu der Zeit, da Mirjana von ihren Schulpflichten frei ist. Sie sinkt auf die Knie und betet, und dann kommt die himmlische Mutter. Alle, die Mirjana dabei gesehen haben, sagen, daß sie dabei immer so ehrfurchtsvoll ist, als wäre es zum ersten Mal.

Es geschah mehrmals, daß die Gospa zu Mirjana sagte, sie solle nach Medjugorje reisen. Wenn alle Seher eine besondere Botschaft empfangen sollen, wünscht sie, daß alle zusammen seien.

Sie hat genauso Mirjana nach Medjugorje gebeten, nachdem der kleine Jakov nicht mehr die Schule besuchen wollte. Er sagte, die Gospa genüge ihm. Die Gospa hat dann Mirjana zu ihm geschickt, um ihm zuzureden und ihm zu helfen, doch weiter in die Schule zu gehen. Die beiden sind nämlich verwandt. Jakovs Mutter und Mirjanas Vater sind Geschwister.

Ivanka hat auch regelmäßig ihre Begegnungen mit der Gospa in Mostar. In ihrer Freizeit geht sie oft nach Bijakovići, um dem Gottesdienst und den Erscheinungen in der Kirche beiwohnen zu können.

Ivan hat das Gymnasium in Visoko beendet, obwohl er Schwierigkeiten mit dem Lernen hatte. Er hat auch dort regelmäßig Erscheinungen gehabt, außer kurze Zeit im Herbst 81. Es waren etwa acht Tage. Wahrscheinlich nur, um mehr Zeit zum Lernen zu haben.

Noch Anfang Juli 81, als seinem Vater von der SUP (Polizei) gesagt wurde, daß er Ivan nicht mehr auf den Berg gehen lassen darf, hat ihn der Vater zweimal nicht dorthin gehen lassen. Doch Ivan hat beide Male die Gospa zu Hause gesehen, zu der Zeit, als die anderen Seher sie am Berg geschaut haben.

Die Seher erzählten, es sei auch schon vorgekommen, daß sie bei der Erscheinung lachen mußten. Jakov ist ein wahres Kind, das schon mehrmals mit seinen Fragen an die Gospa oder durch seine Antwort das Lachen der anderen Seher, und freilich auch das mütterliche Lächeln der Gospa herausgefordert hat. Die Gospa hat offensichtlich auch Sinn für Humor, und zwar für diesen schönen mütterlichen Humor, wenn sie das alles zuläßt und daran teilnimmt. Soll nicht auch das eine Lektion für uns »eingebildete Menschen des 20. Jahrhunderts« sein?

Zum Beispiel hat die Gospa einmal Jakovs Benehmen in der Schule gerügt, sein Verhalten zu seinen Kameraden: „Du sollst sie alle liebhaben!“ — „Ich habe sie alle lieb, aber sie sind so langweilig!“ — „Dann sollst du dies eben als dein Opfer annehmen und darbringen!“ — „Meine Gospa, ich verspreche es dir, aber bitte, sag es nicht meiner Mutter!“ — Ein anderes Mal hat Jakov die Gospa gefragt, ob Dinamo (der bekannte Fußballclub in der ersten Liga von Zagreb) bei der Meisterschaft siegen wird. Und die Gospa lächelte nur dabei.

Die Gospa lehrt Volk und Seher beten

Medjugorje ist auf eine besondere Weise ein Ort des Gebetes geworden. Die heutigen Christen beten so wenig. Darum kommt die Gospa, um uns eine Lehre über das Beten zu geben. Bei jeder Erscheinung betet sie mit den Sehern, sogar mit allen Anwesenden. Sie will wieder den Wert des mündlichen Gebetes betonen und will uns auch lehren, wie man diese Gebete verrichten soll. Sie kam in eine Gegend, wo jahrhundertelang unter der türkischen Herrschaft gerade die elementarsten christlichen Gebete: Das Glaubensbekenntnis, Vaterunser, Ave Maria und Ehre sei dem Vater — die einzigen Gebete waren, die das Volk zu beten wußte, die aber auch das ganze Volk täglich gebetet hat. Gerade durch diese Gebete hat es seinen lebendigen Glauben bewahrt, trotz der unmöglichen Verhältnisse und oftmaligen Verfolgungen.

Deshalb haben gerade hier diese Gebete eine besondere Tradition. Die Gospa will jetzt der ganzen Welt ihren Wert und ihre Wichtigkeit zeigen. Aus dieser Tradition heraus kam es, daß man gerade das Glaubensbekenntnis, sieben Vaterunser, Ave Maria usw. bei den Erscheinungen betet.

Mirjanas Großmutter hat den Kindern vor der zweiten Erscheinung geraten, das zu beten. Sie haben gehorcht, haben bis zum siebenten Vaterunser gebetet und dann die Erscheinung erlebt. Da haben sie begriffen, daß man das täglich beten soll. Die Gospa hat später bestätigt, das sei ihr Wunsch, und hat empfohlen, noch das Glaubensbekenntnis beizufügen, weil der Glaube begonnen hat auszusterben. Die Gospa empfiehlt diese Gebete täglich als Minimum des christlichen Lebens. Sie wünscht, daß man das nach ihrer Meinung betet, *für die Bekehrung der Sünder.*

Die Seher haben bei ihren Begegnungen mit der Gospa beten gelernt. Für sie persönlich ist das vielleicht die größte Gnade, die sie bei den Erscheinungen bekommen haben. Könnten wir uns etwa eine bessere Lehrmeisterin im Gebet vorstellen als die Gospa? Die Seher beten mit aller Kraft ihres Körpers und ihrer Lunge. Wer sie aber dabei sieht, wird bestimmt nicht in Versuchung kommen zu zweifeln, daß auch ihr ganzes Herz und ihr ganzes Wesen betet, daß ihr Gebet wirklich ein Gebet des lebendigen Glaubens, des unerschütterlichen Vertrauens und einer großen brennenden Liebe ist.

Eine Gruppe von Seminaristen aus Zagreb und Djakovo war auch bei einer Erscheinung anwesend. Die Seherin Marija sagte: „Sie hat euch alle einzeln angeschaut, euch alle, die ihr dort gewesen seid. Sie lächelte und sagte: ‚Ihr sollt ihnen sagen: Mit Gebet erreicht man alles!‘ “

Am Weihnachtstag 1980 hat ein Einwohner von Medjugorje bitter geweint, weil seine Söhne so nachlässig geworden waren, daß sie selbst an diesem Tag nicht zur heiligen Messe gehen wollten. Jetzt sind dieselben Söhne jeden Sonntag und sogar jeden Abend dicht beim Altar in eifrigem Gebet und aufrichtiger Andacht.

* * *

Bedeutungsvoll sind die Aussagen der Seher, wie die Gospa während der Erscheinungen die Anwesenden anschaut. So war es am Erscheinungsberg, als sie sich sogar umdrehte, um jeden Einzelnen zu sehen, so ist es auch im kleinen Kreis bei den Erscheinungen in der Kapelle, oder anderswo. Sie nimmt sich um jeden Einzelnen an, niemand ist ihr gleichgültig. Die Gospa hat auch öfters betont, sie wünsche bei den Gläubigen zu sein. Hat nicht ihr Sohn gesagt: „Wo zwei oder drei in meinem Namen versammelt sind, da bin ich mitten unter ihnen"? Steht nicht im Buch der Weisheit geschrieben: „Es ist meine Wonne unter den Menschenkindern zu weilen"? Hat sich nicht auch ihr Sohn so gegenüber seinen Jüngern verhalten? Johannes hat Er sogar gestattet, beim Abendmahl den Kopf an seine Brust zu lehnen. Und aus dem Ereignis in Gethsemani, wo ihn Judas geküßt hat, geht hervor, daß auch das Küssen beim Kommen und Gehen zwischen Jesus und seinen Jüngern üblich war, wie damals bei den Juden und im Orient überall. Deshalb soll es nicht verwundern, wenn die Gospa Seherkinder bei entsprechender Gelegenheit küßt. (Als sie ihr versprachen, eine Woche zu fasten bei Wasser und Brot.)

Während der Erscheinung läßt es die Gospa zu, daß sie von Anwesenden Pilgern berührt wird; das ist öfters vorgekommen. Die Betreffenden sehen oder empfinden nichts, aber die Seher sehen genau, wie sie sie berühren. Wenn der Betreffende in der Sünde ist, bleibt auf dem Kleid der Gospa ein schwarzer Fleck, den wieder nur die

Seher sehen können. Es geschah auch, daß sie gleich verschwunden ist, als einige sie berühren wollten.

Eine junge Ordensschwester, Franziskanerin, kommt öfters zu Mirjana in Sarajevo und ist oft bei der Erscheinung anwesend. Sie hat auch schon mehrmals die Gospa »liebkost«. Dabei hält die Gospa jedesmal die Hände ausgebreitet, während sie bei anderen die Hände gefaltet hält. Auf Mirjanas Frage, „warum so?", antwortete sie, „sie werde diese bald zu sich nehmen, bei denen sie die Hände ausbreitet". Als die Schwester das hörte, frohlockte sie vor Freude, daß sie bald sterben und die Gospa sehen werde.

Dieselbe Ordensschwester kam einmal ganz niedergeschlagen zu Mirjana wegen außergewöhnlich großer Schwierigkeiten. Sie kam zu einer Zeit, wo sonst die Erscheinungen nicht stattfinden. Während sie Mirjana davon erzählte, erschien auf einmal im Zimmer ein großes Licht und die Gospa war da. Sie kam extra nur dieser Schwester wegen, um ihr durch Mirjana ihre Botschaft zu sagen. Die Schwester beruhigte sich danach ganz.

Schon im Sommer 81 baten anwesende Gläubige die Seher, die Gospa bei der Erscheinung zu bitten, einige Sachen zu segnen. Die Seher haben dann die Gegenstände genommen und der Gospa bei der Erscheinung zum Segnen gereicht. Bei den Erscheinungen in der Kapelle, wo etwas mehr Leute kommen können, gibt es manchmal sehr viele Gegenstände. Es wäre unmöglich, alle diese zu nehmen und der Gospa hinzuhalten. So bleiben alle Gegenstände während der Erscheinung am Altar liegen, und die Gospa segnet alles, was sich da befindet. Es sind meistens Rosenkränze, Medaillen, Halskettchen, manchmal auch Statuen der Gottesmutter, Wäschestücke für die Kranken und Flaschen mit Wasser.

Mirjana in Sarajevo wollte am 13. April 82 mehrere Gegenstände der Gospa in einer Plastiktüte zum Segnen reichen. Dabei blieb Mirjana mit ihrem Ärmel irgendwo hängen und konnte die Tüte nicht hinaufreichen. Sogleich beugte die Gospa sich vor, legte ihre Hand in die Tüte und segnete alles.

Wenn die Seher bei der Erscheinung mehrere Sachen zu sagen oder zu fragen haben, kommen sie öfters in Verlegenheit und können nicht alles vorbringen, oder manchmal vergessen sie auch etwas. Die Gospa aber erinnert sie immer an alles und gibt die Antwort von selbst. Darüber berichtet Mirjana, und Vicka hat mir auch dasselbe erzählt. Im allgemeinen habe ich den Eindruck, daß der jetzige Hauptzweck so vieler und häufiger Erscheinungen der Gospa ist, über die Seher die Fragen und Anliegen ihrer Kinder entgegenzunehmen und auf sie zu antworten. Auf diese Weise kann sie immer mehr ihren Einfluß auf die Seelen erweitern und einer möglichst großen Zahl zur Bekehrung verhelfen.

Wieder eine Schwester bat Mirjana, die Gospa wegen ihres Bruders zu fragen, der durch einen Unfall ums Leben gekommen ist. Gospa ließ Mirjana gar nicht erst fragen, sondern sagte gleich: „Ich habe die Frage gehört. Er starb in der Gnade. Er braucht heilige Messen und das Gebet."

Die Gospa hat schon öfters Auskunft über die Verstorbenen gegeben, entweder daß sie schon im Himmel sind oder daß sie noch Gebete brauchen. In ihrer Art und Weise, wie sie die Antwort auf die Fragen ihrer Kinder gibt, kommt sie uns unbeschreiblich und unfaßbar nah.* Es gab aber öfters ganz dumme Fragen, die man an die Gospa stellen wollte. Die Seher wollten solche Fragen überhaupt nicht annehmen. Es geschah auch manchmal, daß die Gospa auf eine Frage oder Bitte überhaupt keine Antwort gegeben hat. Die Ursache liegt wohl in der Person des Fragenden selbst oder an der Frage. Gott kennt die Herzen und die Gospa sieht in Ihm und weiß alles, auch das, was in unserem Innersten geschieht.

Bei den Fragen und Bitten an die Gospa geht es meistens oder hauptsächlich um die Krankheiten und das Gesundwerden. Die Antworten der Gospa sind dann fast immer so, daß sie kein Versprechen der Erhörung enthalten. Nur selten gibt es eine positive Antwort ohne Bedingungen. Manchmal gibt sie Anweisungen, was man tun soll, wie z.B. einem Studenten, der nervenkrank geworden ist: er soll ins Krankenhaus gehen. Meistens sind ihre Antworten so: man soll täglich das Glaubensbekenntnis und siebenmal das Vaterunser beten, manchmal noch den Rosenkranz dazu, und fasten am Freitag bei Wasser und Brot.

Es ist klar, daß die Grundbedingung für irgendeine Erhörung immer folgendes ist und bleibt: der Glaube, ein fester Glaube an die Gottesmutter und ihre Erscheinung, unerschütterliches Vertrauen und die Erfüllung aller Forderungen, die in der Botschaft der Gottesmutter enthalten sind. Das betont sie bei ihren Antworten mei-

---

* Seit Februar 1983 gibt die Gospa keine Antworten und nimmt keine Fragen mehr an, nur die Empfehlungen für die Kranken usw., ohne eine Antwort zu geben. Die Ausnahmen sind nur selten.

stens nicht, denn darüber hat sie schon genug gesprochen. Es geschah manchmal, daß einige die in der Antwort gestellten Forderungen erfüllt haben, und dann klagten, daß sie keine Erhörung fanden. An die Grundforderungen der Gospa in ihrer Botschaft haben sie überhaupt nicht gedacht. Die Gospa selbst hat bei der Erscheinung schon geklagt, daß so wenige Wunder geschehen, weil es zu wenig Glauben und Vertrauen gibt, genauso klagte ihr Sohn, wie es im Evangelium geschrieben steht.

Eine Ordensschwester war auch anwesend bei einer Erscheinung der Gospa, sie schreibt: „Wir waren nur wenige im Haus des Jüngsten, Jakov. Es waren noch ein Mädchen und einige Kinder dabei, außer den sechs Auserwählten. Genau um 18.30 Uhr sanken alle auf die Knie, machten das Zeichen des Kreuzes und begannen laut das Vaterunser zu beten. Wegen der Erregung weiß ich nicht, wieviel sie gebetet haben. Vicka hatte in drei Plastikbeuteln Gegenstände gebracht und der Gospa zum Segnen gegeben. Nachher faßte sie das anwesende Mädchen an der Hand und berührte damit die Gospa. Marija fragte mich, ob auch ich das wünsche. Natürlich war ich einverstanden. Sie nahm meine rechte Hand und hob sie zur Gospa bis zur Schulter, dann führte sie sie herab und sagte immer, was ich berühre. Ich selbst sah und empfand nichts. So »liebkoste« ich sie ganz bis zu den Füßen.

Die Gospa stand auf einer kleinen Wolke, ca. 30 cm über dem Boden. Anschließend haben die Seher etwas gesprochen, aber wir anderen haben davon nichts gehört. Zum Schluß haben sie das Lied »Christus in Deinem Namen« gesungen. Dann ging ich zusammen mit ihnen zur Kirche, die ca. zwei Kilometer entfernt ist ...

Das innere Erlebnis, das ich bei der Begegnung mit der Gospa hatte, hat mich sehr in Anspruch genommen. In meinem Innern wurden einige »Berge« niedergerissen, einige »Täler« ausgefüllt, einige krumme Wege sind gerade geworden ...''(Lk 3,5).

Die großen Opfer und Aufgaben der Seher

Wenn man die Berichte der einzelnen Seher über die Erscheinungen vergleicht, so weisen sie nur unwesentliche Verschiedenheiten auf. Die Seher, oft übermüdet durch schon tausendmal wiederholtes Erzählen derselben Dinge und Geschehnisse, wahrscheinlich unbewußt, manchmal vielleicht auch bewußt, möchten womöglich kurz sein, und so lassen sie manche Einzelheiten aus. Wer deshalb ein vollständiges Bild über die ersten Erscheinungen bekommen will, muß alle Berichte, die er erhalten kann, sorgfältig vergleichen und zusammensetzen. Die vollständigen Berichte, die die Seher dem Pfarrer und dem Bischof gegeben haben, sind noch nicht für die Öffentlichkeit zugänglich. So müssen wir uns mit dem zufriedengeben, was wir eben haben, bis die erstellte Kommission ihre Arbeit fertig macht und der Bischof sein Wort dazu sagt.

Alle Seher sind überfordert von Verhören, von Fragen über dieselben Dinge und vom Erzählen davon. Vicka hat es dabei am schwersten, weil sie daheim ist. Bis Januar 1982 mußte sie im Durchschnitt ca. 50 Personen pro Tag empfangen, das aber außer ihrer gewöhnlichen Arbeit zu Hause oder auf dem Feld. Es ist deshalb verständlich, daß sie alle, wenn es nur möglich ist, die Gelegenheiten meiden, wo sie von anderen befragt werden könnten.

Jeden Abend nach dem Krankensegen macht der Pfarrer in der Kirche die Pilger darauf aufmerksam, daß sie nicht die Seher mit allerlei unnötigen Fragen belästigen. Es entsteht aber immer danach um die Seher ein Kreis von Neugierigen, und alle Seher geben geduldig Antwort auf die gestellten Fragen. Nur der kleine Jakov kann das nicht ertragen. Am Anfang hatte er Gefallen daran, im Mittelpunkt des Interesses zu stehen und von allen gehätschelt zu werden, aber das dauerte nicht lange. Jetzt verschwindet er am Abend gleich nach dem Krankensegen aus der Kirche und geht mit seinen Kameraden nach Hause.

Keiner von den Sehern mag das Tonbandgerät oder das Fotografieren. Ivanka sagte: „Wir sind keine Filmstars!" Wenn Jakov merkt, daß ihn jemand fotografieren will, verbirgt er gleich das Gesicht mit den Händen. Er läßt sich überhaupt schwer zu einem Gespräch bewegen, und wenn doch, dann ist er dabei sehr lebhaft und unruhig, immer mit etwas beschäftigt und macht sich davon, sobald es nur geht. Er spielt furchtbar gern, besonders Fußball. Wenn er aber über die Gospa und die Erscheinungen spricht, wird er auf einmal ganz anders, sehr ernst. Und wenn er betet, besonders in der Kirche, ist ihm nie langweilig. „Ich habe mich schon daran gewöhnt!"

Alle, die die Möglichkeit hatten, die Seher kennenzulernen, bezeugen, daß sie alle gesunde und in jeder

Hinsicht natürliche, gewöhnliche, normale junge Menschen sind, die sich durch nichts in ihrem Benehmen von Gleichaltrigen und ihren Kameraden unterscheiden. Sie sind alle sehr intelligent, offen gegenüber ihrer Umgebung, immer aufrichtig, lebhaft und nicht gekünstelt. Aber immer sehr ernsthaft, wenn es um die Gospa und ihre Botschaft geht, fest und unerschütterlich in ihren Aussagen und Haltungen. Sie lassen sich durch keine Drohungen oder Verfolgungen entmutigen. Obwohl sie schon so lange im Mittelpunkt des Interesses stehen, sind sie alle bescheiden geblieben, keine Spur von Eingebildetheit. Immer bis zum äußersten geduldig mit allen, die sie ausfragen, sind sie, wenn es notwendig ist, schlagfertig und geradezu geistreich und humorvoll. Wenn die Demut und der Gehorsam das Zeichen des Gotteswerkes sind, dann kann man sagen, daß sie dieses Zeichen besitzen. Und sie sind überhaupt nicht am Materiellen interessiert. Im Gegenteil, sie wollen nichts. Sie nehmen kein Geld, wie übrigens alle in Medjugorje, die so viel an die Pilger ganz kostenlos abgeben.

Am 15. 12. 81 war ein Pfarrer aus der Umgebung von Zagreb in Medjugorje. Weil er schon oft dort war, ist er mit fast allen Sehern gut bekannt. Er besuchte Jakov in seinem Haus und sprach mit ihm allein, als seine Mutter nicht zu Hause war. Und weil der Priester die große Armut im Hause sah, — der Vater kümmert sich um Frau und Sohn nicht, er kommt nur äußerst selten nach Hause, — wollte er etwas Geld unbemerkt unter dem Tischtuch zurücklassen. Jakov war, wie es schon seine Gewohnheit ist, mit irgend etwas beschäftigt. Aber das bemerkte er gleich, sprang auf, nahm das Geld vom

Tisch und gab es dem Priester zurück. Um keinen Preis wollte er es nehmen, auch für seine Mutter nicht. Und die würde es so notwendig brauchen! Er nimmt nur gelegentlich Kaugummi oder Bonbons, aber auch das teilt er gleich mit seinen Kameraden.

Wenn die Erscheinung beendet ist, wohnen die Seher jeden Abend der heiligen Messe bei, als wäre gar nichts geschehen. Am Abend, wenn die Gebete in der Kirche beendet sind, gehen die Seher nach Hause, nicht für sich allein, etwa von den anderen abgesondert. Nachdem sie die Kirche verlassen haben, kommen sie zu ihren Kameraden und Gleichaltrigen und gehen mit ihnen zusammen nach Hause. Wenn jemand sie nicht kennen und nichts von ihnen wissen würde, der würde wahrscheinlich auch keinen Unterschied zwischen ihnen und den anderen bemerken. Nur wenn gebetet wird, dann sind sie ganz anders, obgleich auch alle anderen fromm sind.

Vom 12.-14. Februar 1982 war in Medjugorje eine Gruppe von fünf Theologiestudenten aus Zagreb, zu denen am anderen Tag noch drei aus Djakovo hinzukamen. Einer von ihnen sagte dann zu den Sehern: ,,An eurer Stelle würde ich mich schon längst aus dem Staube machen!" Damit wollte er sagen, er könnte nicht so oft und so viel über eine und dieselbe Sache erzählen. Darauf entgegnete ihm Vicka: ,,Ich auch, wenn der Finger Gottes nicht da wäre!" Die Seher sind sich bewußt, daß es ihre Pflicht ist, von der Gospa und ihrer Botschaft Zeugnis abzulegen. Und sie bemühen sich, es möglichst gut zu tun. Man muß anerkennen, daß sie es wirklich mit viel Geduld tun. Vom so oftmaligen Wiederholen immer derselben Dinge müßten sie schon längst abgestumpft sein.

Da ist offensichtlich eine besondere Gnade Gottes am Werke, die ihnen hilft, diese Pflicht zu erfüllen.

Zu Weihnachten 1981 waren wieder einmal alle Seher in Medjugorje. Sie haben dann in der Kirche eine besondere Darstellung der Erscheinungen geboten. Das war eine Beschreibung der Geschehnisse im Zusammenhang mit den Erscheinungen und der Botschaft der Gottesmutter. Fra Tomislav Vlašić hat es mit ihnen vorbereitet. Das Ganze dauerte ca. eine halbe Stunde. Während der Darlegungen war es in der Kirche ganz still, alle haben gespannt und aufmerksam zugehört.

Gott erwählt einfache und ganz natürliche Menschen

Die Seher von Medjugorje sind keine Heiligen. Es kann passieren, daß jemand etwas an oder bei den Sehern stört. Das sind bestimmt immer nur nebensächliche Kleinigkeiten. Es wäre auch nicht richtig, von ihnen zu erwarten, daß sie in jeder Hinsicht vollkommen seien. Sie selbst waren sehr erstaunt, daß gerade zu ihnen die Gospa kam und immer noch kommt, ,,weil sie nicht gerade die besten sind". Man könnte eben sagen, daß alle in keiner Hinsicht etwas besonderes sind. Warum aber gerade sie erkoren wurden, um die Träger der Botschaft der Gottesmutter zu sein, das bleibt ein Geheimnis der göttlichen Vorsehung. Wahrscheinlich wollte uns die Gospa auch mit ihrer Wahl der Seher zeigen, daß Gott uns einfach so nimmt, wie wir eben sind. Darauf baut Gott weiter das Werk seiner Gnade.

Doch die Seher haben bestimmt eine einzigartige Chance, heilig zu werden, sogar sehr große Heilige, wie es auch bei anderen Sehern der Fall war, z.B. die Seher von Paris (Katharina Labouré), Lourdes und Fatima. Aber auch im Falle, daß sie sich vielleicht später im Leben dieser Gnade und Gottes Vertrauen unwürdig zeigen, wie es auch schon bei einigen Propheten und auch Sehern der Fall war, ändert das in keinem Fall etwas an der Glaubwürdigkeit der Botschaft, die uns Gott durch sie geben ließ. Diese sollen wir nach ganz anderen Kriterien beurteilen. Bei den Sehern von Medjugorje muß man aber doch anerkennen, daß an ihnen und in ihrem Leben die Wirkungen der großen Gnaden, die sie durch die Erscheinungen erhalten, schon sichtbar geworden sind.

* * *

Ivans Tagebuch

Mitte September 1981 schickte Ivan an Vicka und Jakov dieses Tagebuch, um zu beweisen, daß er weiter die Erscheinungen hat. — Den Brief las Vicka vor, so wurde er auf Tonband aufgenommen.

28. 8. 1981

Sie ist nur kurz geblieben. Sie sagte nur, ich sei müde und erschöpft und solle mich ausruhen, um morgen ausgeruht zu sein. „Geh in Gottes Frieden! Amen. Zbogom!"*
(An diesem Tag war Ivan ins Knabenseminar gekommen und war daher müde von der Reise.)

29. 8. 1981

Die Gospa ist mir erschienen. Ich fragte sie, wie es in unserem Dorf geht. Sie lächelte und sagte: „Meine Engel verrichten ihre Buße gut." Ich fragte sie, ob sie uns in der Schule helfen wird. Sie sagte: „Gottes Hilfe ist an jedem Ort. — Gehe hin mit Gottes Frieden, mit Jesu und meinem Segen! Amen. Zbogom!"

30. 8. 1981

Wieder fragte ich sie, wie es in unserem Dorf geht. Sie wiederholte dasselbe: „Meine Engel tun ihre Buße an jeder Stelle und allezeit." Dann habe ich sie gefragt, wie es

---

* *Zbogom* ist ein kroatisches Abschiedswort und heißt eigentlich „mit Gott", ähnlich wie französisch „adieu". Weil die deutsche Sprache kein adäquates Wort hat, lasse ich lieber den kroatischen Ausdruck.

uns in diesem Gotteshause (Seminar) gehen wird. Sie sagte: ,,Ihr sollt nichts fürchten, ich bin mit euch an jedem Ort und jederzeit. Geht in Gottes Frieden, mit Jesu und meinem Segen! Amen. Zbogom!"

31. 8. 1981

Ich fragte sie, ob in unserem Dorf das Volk fromm ist. Sie antwortete: ,,Euer Dorf ist jetzt die frömmste Pfarrei in der Herzegowina, und in eurem Dorf gibt es viele, die sich durch ihre Frömmigkeit und ihren Glauben hervortun." Dann wurde das Herz und das Kreuz gezeigt, glänzend über Jesu Bild. (Das Bild hängt an der Wand in der Kapelle.) Sie ist dann verschwunden. Beim Weggehen sagte sie: ,,Geh in Gottes Frieden, mit Jesu und meinem Segen! Amen. Zbogom!"

1. 9. 1981

Ich betete mit ihr, um Hilfe zu bekommen, in Jesu Werk und Jesu Berufung. Dann haben wir den Rosenkranz gebetet, um die Schule gut zu beginnen, um gute Gesundheit und um jeden Fortschritt in diesem Leben. Die Gospa lächelte und zeigte viel Wohlwollen. Sie sagte, wir sollen uns nicht fürchten, weil sie bei uns ist und uns fest bewacht. Dann wurde wieder das Kreuz und das Herz Mariä gezeigt, und sie sagte: ,,Geh hin in Gottes Frieden, mit Jesu und meinem Segen! Amen. Zbogom!"

2. 9. 1981

Ich habe sie wegen Anton, Dario, Miljenko (seine Kameraden im Seminar, wahrscheinlich aus derselben Pfarrei) und mich selbst gefragt, wie es uns gehen wird. Sie sagte: ,,Ihr seid meine Kinder und bleibt es. Ihr seid auf dem

Weg Jesu gegangen. Keiner kann euch daran hindern, den Glauben an Jesus zu verbreiten.“ Sie wiederholte: „Nur festen Glauben, mein Engel!“ In diesem Augenblick verschwand sie. Beim Weggehen sagte sie noch: „Geh hin in Gottes Frieden, mein Engel, mit Jesu und meinem Segen! Amen. Zbogom!“

3. 9. 1981

Ich lernte im Lernsaal. Auf einmal erschien mir das Licht und blitzte genau vor mir auf. Wir haben viel geplaudert und im Stillschweigen gelächelt. Sie blieb 15 Minuten. Dann ging sie zum großen Bild des Papstes Johannes Paul II. und umarmte ihn mit einem Lächeln auf dem Gesicht. Sie betete vor, ich habe geantwortet. Dann verschwand sie, vorher sagte sie noch: „Geh hin in Gottes Frieden, mein Engel! Amen. Zbogom!“

4. 9. 1981

Ich fragte sie nach dem Zeichen. Darauf lächelte sie nur und sagte: „Kinder, ihr seid ungeduldig, meine Engel!“ Bald ging sie weg mit dem Gruß: „Geht in Gottes Frieden, meine Engel, Gottes Segen soll euch begleiten! Amen. Zbogom!“

5. 9. 1981

Ich betete in der Kapelle. Sie kam, während ich das Vaterunser betete. Sie sagte: „Gelobt sei Jesus!“ (Dies ist der übliche Gruß bei der frommen Bevölkerung in kroatischen Gebieten seit alten Zeiten. Dieser Gruß war im Schwinden und wird nun durch die Gottesmutter bei vielen wieder in Erinnerung gerufen.) Die ganze Zeit betete sie mit mir zusammen. Beim Weggehen sagte sie:

„Geht hin in Gottes Frieden, Gottes Segen soll euch begleiten! Amen. Zbogom!"

6. 9. 1981

Ich betete in der Kapelle, da erschien auf einmal ein großes Licht, wie von einem großen Reflektor. Nachher sagte sie mir, ich solle jeden Sonntag beten, bis sie das große Zeichen und Gottes Gabe gebe. Wir werden aber fest und unablässig beten, Gott möge seine großen Kinder sehen. Wir beteten bis 7.30 Uhr. Dann sagte sie: „Gehe hin in Frieden, mein Engel, Gottes Segen soll dich begleiten! Amen. Zbogom!"

7. 9. 1981

Ich betete in der Kapelle, dann kam die Gospa lächelnd und sagte: „Bekehret euch, alle die noch da sind. Das Zeichen wird kommen, wenn ihr euch bekehrt! Amen. Zbogom!"

8. 9. 1 81

„Ich verlange nur das feste Gebet. Man soll mit dem Leben beten, damit sich der echte Glaube aus den Wurzeln verwirkliche. Für heute sage ich nur das. Gehe hin in Gottes Frieden! Amen. Zbogom!"

9. 9. 1981

Als sie kam, leuchtete die ganze Kapelle im Licht auf. Auf dem Bild Jesu zeigte sich ein großes, rotes Kreuz. Dann kam sie näher und sagte: „Gelobt sei Jesus!" — An diesem Abend beteten wir siebenmal das Vaterunser, ein Gesetzchen des Rosenkranzes und das Glaubensbekenntnis. Bei ihrem Weggehen zeigte sich das Kreuz und das Herz. Sie sagte: „Gehe hin in Gottes Frieden! Amen. Zbogom!"

10. 9. 1981

Wir beteten zusammen und sangen, aber am meisten beteten wir. Diese Gebete waren freudig, voll Liebe und Herz. Dann sagte sie: „Gehe hin in Gottes Frieden, mein Engel! Amen. Zbogom!"

11. 9. 1981

Wir beteten nur und sangen. Hernach wurde sie wie lauteres Gold. Sie glänzte. Dann sagte sie: „Gehe hin in Gottes Frieden! Amen. Zbogom!"

12. 9. 1981

Ich betete in der Kapelle ca. eine halbe Stunde. Auf einmal leuchtete es in verschiedenen Farben. In diesem Augenblick erschien sie und sagte: „Gelobt sei Jesus!" Dann begann sie zu beten. In dem Augenblick als sie wegging, sagte sie: „Das Zeichen kommt mit der Zeit. Gehe hin in Gottes Frieden, mein Engel! Amen. Zbogom!"

13. 9. 1981

Wir alle, die Kinder im Seminar, waren nach der Beichte im Gebet. Wir beteten den ganzen Rosenkranz. Sie kam zum Bild Jesu und sagte: „Das ist euer Vater, mein Engel!" Und so betete sie mit uns. Sie lächelte und war in heiterer Stimmung. Am Schluß sagte sie: „Geht in Gottes Frieden, meine Engel! Amen. Zbogom!"

Die falschen Berichte im In- und Ausland

Weil es so wenig gute und zuverlässige Berichte über die Erscheinungen gibt, erzählt man in der Bevölkerung viel Verschiedenes darüber. Die Nachrichten über die Geschehnisse in Medjugorje gehen von Mund zu Mund. Es ist klar, daß bei vielen die Phantasie dabei sehr aktiv ist. Wo Menschen sind, geht das immer so, das war auch bei anderen Erscheinungsorten, wo die Gottesmutter erschienen ist, nicht anders.

Nicht so leicht ist es zu verstehen, wie es vorkommen konnte, daß einige Zeitschriften im Ausland ganz unwahre Berichte brachten. So wurde z.B. berichtet, daß die Seher von der Gospa den Auftrag bekommen hätten, ihnen anvertraute Geheimnisse nur dem Heiligen Vater in Rom persönlich mitzuteilen, und daß sie sogar auf die Einladung von Rom warten und sich wegen der baldigen Reise freuen. Dabei zitieren die Verfasser sogar wörtlich die angeblichen Aussprüche Vickas.

Im Gespräch mit den Sehern sagte einer von den Seminaristen: „In Zagreb erzählt man allerlei. Ich glaube, es wird euch manches zugeschrieben, was ihr nie gesagt habt.“ Marija: „Unlängst reiste ich mit dem Bus von Mostar hierher, zusammen mit einer Kollegin. In Mostar kamen sehr viele, die nach Medjugorje wollten, es war samstags. Mich kannten sie nicht. Ich habe den Mantelkragen etwas hochgeschoben und sagte dann zu meiner Kollegin: ‚Jetzt wirst du hören, was die alles erzählen werden!‘ Und wir hörten zu — von Mostar bis Medjugorje! Es ist unglaublich, wie und was sie alles erzählt haben!“

Warum so viele Marienerscheinungen?

Was die Häufigkeit der Erscheinungen betrifft und weil sie schon so lange andauern, sagte Marija: ,,Die Priester werden am meisten durch diese Häufigkeit der Erscheinungen in Verwirrung gebracht. Sie fragen uns, warum die Gospa während so langer Zeit kommt. Alles was wir wissen ist, daß sie kommt, und daß wir sie sehen. Am Anfang haben wir gedacht, sie kommt nur unsertwegen oder wegen unserer Pfarrei. Aber später sind wir immer mehr zu der Erkenntnis gekommen, daß die Botschaften an die ganze Menschheit gerichtet sind.''

Viele Priester und Bischöfe, die über die Erscheinungen der Gottesmutter eine Vorstellung haben, wie Maria z.B. in Lourdes oder Fatima oder anderswo erschienen ist, zweifeln an der Echtheit der Erscheinungen in Medjugorje nur deshalb, weil die Gospa dort schon so lange Zeit und so regelmäßig kommt, jeden Tag.

In keiner Weise paßt das in die Vorstellungen, die wir über die Erscheinungen der Gottesmutter haben. Auch in einigen anderen Einzelheiten sind die Erscheinungen in Medjugorje verschieden von allen, über die wir bisher etwas wußten, hörten oder lasen. Die Kinder haben der Gospa von diesen Zweifeln und Einwänden berichtet. Die Gospa lächelte daraufhin und antwortete: ,,Bin ich euch langweilig geworden? Es geschieht alles genau nach Gottes Plan. Seid geduldig, seid ausdauernd in Gebet und Buße. Alles kommt zur rechten Zeit.'' Der Ruf zur Geduld bezieht sich auf das versprochene Zeichen, das denen die Gewißheit geben sollte, die glauben würden, die aber sagen, daß sie nicht *genug* Grund dazu haben.

Man spricht auch von einem neuen Erscheinungsort: Izbiĉno, eine Franziskanerpfarrei im Bergland, ca. 60 km von Medjugorje entfernt. Dort sehen angeblich ein Mädchen und mehrere Kinder die Gospa. Die Botschaft soll genau dieselbe sein wie in Medjugorje. Zuerst habe ich vermutet, daß es eine teuflische Erscheinung sein könnte, was durchaus möglich wäre. Fra Tomislav Vlaŝić lehnt diese Ansicht aber entschieden ab. Er sagt, es könne eine echte oder aber auch eine Randerscheinung sein, wie es oft bei den echten Erscheinungen der Fall ist. Auf die Frage, warum soviele Zeichen in der Herzegowina sind, hat die Gospa geantwortet: „Gott gibt sie."

Fra Stanko Vasilj berichtet: Die Kinder von Izbiĉno haben mehrmals den Sehern von Medjugorje zu wissen gegeben, sie möchten mit ihnen einmal zusammen sein und beten. Deshalb haben die Seher von Medjugorje die Gospa darüber gefragt. Sie antwortete, sie sollen sich von diesen fernhalten. Sonst aber hat sie ihnen nichts Negatives über sie gesagt.

Eines Tages kamen die Kinder von Izbiĉno nach Medjugorje. Sie besuchten auch die Seher in Bijakovići in ihren Häusern. Kurz vor der heiligen Messe wünschten sie dann mit den Sehern von Medjugorje zusammen zu beten. Niemand war da, den man um Rat fragen konnte, Fra Tomislav Vlaŝić war nicht daheim. Die Seher von Medjugorje konnten sich zuerst nicht entschließen und haben sie dann doch in die Kapelle hineingelassen. Fra Stanko Vasilj war dabei und beobachtete alles aufmerksam. Zum Unterschied von anderen Erscheinungen waren die Seher dabei sehr ernst, ohne ihr sonst glückseliges Lächeln. Gleich nachdem die Erscheinung beendet war, kam Mirjana zu Vicka und fragte sie: „Hast du gehört, was sie uns gesagt hat?“ Vicka antwortete ernst, fast niedergeschlagen: „Ja, ich habe gehört.“ Dann fragte Fra Stanko Vasilj, was sie gehört haben. Die beiden sagten es ihm, und Mirjana hat es ihm auf einen Zettel geschrieben: „Habe ich euch doch gesagt, mit den Kindern nicht zusammen zu kommen! Ich bin eure Mutter, ihr müßt mir gehorchen.“

Der Grund, warum die Gospa nicht erlaubt, mit den Sehern von Izbîĉno zusammenzusein, liegt wahrscheinlich darin, daß niemand sagen kann, die Seher von Medjugorje üben Einfluß auf die Seher von Izbîĉno aus.

Im Frühjahr 82 haben die Seher in Medjugorje gemäß dem Wunsch des Pfarrers von Izbîĉno an die Gospa die Frage gestellt: „Warum so viele Zeichen in der Herzegowina?“ Die Gospa hat darauf geantwortet: „Meine Kinder, habt ihr nicht gemerkt, daß der Glaube zu erlöschen begonnen hat. Viele kommen in die Kirche nur aus Gewohnheit. Den Glauben muß man wecken. — Das alles sind Gottesgaben!“

In Izbîĉno haben die dortigen Seher die Gospa gefragt: „Die Leute staunen, weil sie an so vielen Orten erscheint.“ Die Gospa antwortete ihnen: „Wenn es notwendig ist, werde ich in jedem Haus erscheinen!“

Der Bischof von Mostar hat mir in einem Gespräch gesagt, daß er noch eine dritte Erscheinungsstelle der Gospa in der Herzegowina kenne, außer Medjugorje und Izbîĉno. Details sind mir darüber nicht bekannt. Auch über Izbîĉno habe ich nur sehr wenige Informationen.

Wunderheilungen

Das sicherste Zeichen der Echtheit einer Erscheinung ist das Wirken der göttlichen Gnade in den Seelen der Menschen, und das sind die Bekehrungen und die Erneuerung des religiösen Lebens. An solchen Zeichen mangelt es in Medjugorje nicht. Es gab und gibt aber auch sehr viele sichtbare Zeichen durch wunderbare Heilungen, die auf die Fürbitte der Gospa in Medjugorje geschehen sind. Es ist merkwürdig, daß die Heilungen meistens nicht auf einmal geschehen, sondern allmählich, stufenweise. Bis Mitte August 1982 wurden im Pfarrbüro in Medjugorje cirka 140 solche Fälle angemeldet. Es gibt aber noch sehr viele, die nicht angemeldet sind. Sie sind sicher in der Mehrzahl, weil viele Geheilte einfach nicht kommen wollen, aus Angst vor der Öffentlichkeit. Sie danken Gott und der Gospa in der Verborgenheit des Herzens. Auch bei den angemeldeten Fällen fehlt meistens die ärztliche Dokumentation, die erst beigebracht werden muß.

Wenn jemand eine Gnade von ihr erlangen möchte, meistens die Heilung oder Bekehrung eines Sünders, verlangt sie immer das gleiche: Fasten, und zwar bei Wasser und Brot. Nur die Schwerkranken können es durch andere gute Werke ersetzen. Weiter verlangt sie Gebet, festen Glauben und Vertrauen. Sie klagte, daß so wenig Wunder geschehen, weil es am Glauben fehlt. Sie sagte auch wörtlich: „Auch die Naturgesetze können durch das Gebet, die Buße, das Fasten und den festen Glauben außer Kraft gesetzt werden.“

Hier bringe ich einige Fälle, bei denen die Gläubigen auf die Fürbitte der Gospa in Medjugorje die Gesundheit zurückbekommen haben.

Ein Greis, Jozo Vasilj, ist der erste, der auf die Fürbitte der Gospa in Medjugorje geheilt wurde. Acht Jahre früher wurde seine linke Körperhälfte gelähmt, das linke Auge erblindete und auch der linke Arm wurde ganz steif und bald über und über mit Wunden bedeckt, und zwar von der Schulter bis zur Handfläche. Sie schlossen sich die ganzen acht Jahre nie. Auf dem rechten Auge sah er nur so viel, daß er Tag und Nacht unterscheiden konnte. Nach vier Jahren erblindete er auch auf diesem vollständig und war so ganz und gar auf die Hilfe anderer angewiesen. Man mußte ihn überall führen.

Als er von den Erscheinungen am Berg gehört hatte, sagte er:

„Ich werde euch sagen, ob das wirklich die Gospa ist oder nicht!“ Er bat einen Nachbarn, ihm ein wenig Erde und Kraut von der Erscheinungsstelle zu bringen. Doch dieser wollte zuerst nicht. Auf sein Drängen tat er es dann doch. In einer Waschschüssel mischte es Jozo mit Wasser, wusch das Gesicht damit und betete dabei das Glaubensbekenntnis. Danach wusch er sich noch mit reinem Wasser, wischte sich mit dem Handtuch ab und sagte zu seiner Frau: „Du, Alte, ich sehe dich!“ —

„Sei doch nicht albern, wie könntest du mich sehen, wo du schon vier Jahre ganz blind bist!“ —

„Schämst du dich nicht, du, eine alte Oma, ohne Strümpfe herumzulaufen!“ — Das war seine Antwort.

Jetzt mußte auch sie an das Wunder glauben. Die Freude war unbeschreiblich.

Dann wusch sich Jozo mit dem gleichen schlammigen Wasser auch den linken Arm von der Schulter an, wickelte ihn in ein Handtuch und wiederholte ebenso das Beten des Glaubensbekenntnisses. Am nächsten Morgen war keine Spur der Wunden mehr zu sehen. Der Pfarrer bezeugt die Wahrheit dieses Geschehnisses. Alle dort sagen, daß Jozo immer sehr fromm war. Auch jetzt kann er oft in der Nacht nicht schlafen. Dann betet er den Rosenkranz und die Litanei. „Solange ich lebe, werde ich dem lieben Gott nicht genug Dank sagen können."

*

Kurz nachdem die Erscheinungen begonnen hatten, haben Eltern ihr gelähmtes Kind, den kleinen Daniel (etwa 5 oder 6 Jahre) aus der Umgebung von Mostar gebracht. Die Seher haben ihn dann der Gospa empfohlen. Die Gospa hat dieses Kind ungefähr eine Minute lang angeschaut und hat keine Bedingung gestellt. Sie sagte nur: „Das Kind wird geheilt werden." Und das Kind wurde geheilt.

*

Bericht von Schwester Blaženka, die schreibt, was sie selbst gesehen und gehört hat:

„Die leibliche Schwester einer Ordensschwester hat ein Söhnchen von 16 Monaten. Im Alter von 6 Monaten wurde das Kind krank: am ganzen Körper und im Gesicht bekam es rote Flecken und später Krusten, ein Ekzem. Die Eltern besuchten viele Ärzte, konsultierten mehrere Spezialisten. Alles ganz nutzlos. Man sagte ihnen, das würde in etwa zwei Jahren verschwinden, aber sie dürften das Kind nicht mit Wasser waschen.

Als die Mutter von den Erscheinungen der Gospa gehört hatte, pilgerte sie einige Tage vor dem Fest Mariä Himmelfahrt dorthin, auch auf den Berg der Erscheinung. Dort hat sie etwas vom spärlichen, kargen Gras gepflückt, das sie noch finden konnte, weil die Pilger schon beinahe alles mitgenommen hatten. Sie kochte dann das Gras mit Wasser und wusch damit das Kind. Am nächsten Tag waren anstelle der Krusten nur noch dunkle Flecken zu sehen, einen Tag später verschwanden auch diese spurlos.

Um sich bei der Gospa zu bedanken, pilgerten sie, ihr Mann und ihr Vater 63 km zu Fuß nach Medjugorje und waren überhaupt nicht müde von dem langen Weg.

*

Eine andere Ordensschwester hatte heftige Schmerzen in der Wirbelsäule, deshalb riet ihr Arzt, viel mehr im Meer zu schwimmen. Auch hatte sie jahrelang ein Ekzem in den Ohren, kein Arzt wußte ihr zu helfen.

Am 10. August 1981 war sie bei der größten Hitze in den Mittagstunden auf den Berg der Erscheinungen gepilgert. Nie in ihrem Leben schwitzte sie so sehr wie damals. Seitdem sind aber alle Schmerzen in der Wirbelsäule und die Ekzeme in den Ohren verschwunden. Sie schrieb dies am 27. Dezember 1981. Bis zu diesem Tag hatten sich ihre früheren Leiden nicht wieder gezeigt.

*

Ein Mann hatte einen Tumor in der Achselhöhle. Er sollte operiert werden, hatte aber viel Angst davor. Er ging mit viel Vertrauen auf den Berg der Erscheinungen. Mit den Fingern grub er zwischen den Steinen ein bißchen

Erde aus und rieb damit den Tumor ein. Am nächsten Morgen war keine Spur mehr davon zu sehen.

*

Ein junger Mann von 22 Jahren war schon acht Jahre in einer Anstalt für Geisteskranke. Sein Vater ging mit ihm auch nach Deutschland, um dort bei den Ärzten Hilfe zu finden. Es gab aber keine Hilfe für ihn. Der unglückliche Junge wollte sich schon das Leben nehmen. In Medjugorje genas er vollständig. Er fand bald Arbeit. Alles, was er in den acht Jahren seiner Krankheit erlebt hatte, verschwand vollkommen aus seiner Erinnerung.

*

Ein orthodoxer Gläubiger, der gegen Ende Sommer 1981 in Medjugorje war, und der sonst ganz blind ist, hat im Oktober im Pfarrhaus angerufen und gesagt, mit seinen Augen gehe es auch nachher nicht besser. Aber er fühle jetzt in seinem Innern so viel Friede und so viel Freude, daß ihm das viel teurer sei, als die Sehkraft der Augen.

*

Ähnlich berichtet eine katholische Frau aus Jugoslawien, die aber in Schweden lebt und dort arbeitet. Nachdem sie in Medjugorje war, wurde sie von ihren seelischen Qualen ganz befreit, so daß sie jetzt endlos glücklich und Gott und der Gottesmutter überaus dankbar ist.

*

In Bijakovići erzählte mir ein älterer Mann, daß er lange Jahre an Magengeschwüren mit schweren Blutungen, sowie an Komplikationen am Dickdarm litt. Er versuchte immer wieder bei Ärzten und in Krankenhäusern Heilung zu finden und wendete auch große Geldsummen dafür auf, aber vergeblich. Nun ist er seit Weihnachten 1981 gesund. Er kann alles essen und trinken, ohne nachteilige Folgen. Um zu beweisen, daß er jetzt wieder arbeiten kann, zeigte er seine Hände voller Schwielen. Dieser Mann schreibt seine Heilung der Gottesmutter zu.

*

In Medjugorje wurde ein orthodoxes Zigeunerkind geheilt. Ein Priester hat zu diesem Anlaß sein Erstaunen geäußert, wie so etwas möglich ist. Marija: „Es war mir sehr unangenehm, das zu hören. Wenn ich das von jemandem anderen gehört hätte, wäre es noch begreiflich. Aber daß ein Priester mir so was sagt!“ — Die Gospa sprach dazu: „Sag diesem Priester und allen, ihr selber habt euch auf der Erde geteilt. Die Moslems wie die Orthodoxen und die Katholiken, ihr alle seid vor mir und vor meinem Sohn gleich, ihr alle seid meine Kinder!“

*

Eine Familie mit fünf kleinen Kindern, — Mann und Frau sind Akademiker — mußte in vier Jahren sechsmal umziehen. Im Juli 1981 wurden sie durch die Polizei aus der Wohnung vertrieben, weil sie illegal eingezogen waren. Es wurde ihnen eine Wohnung von nur 30 m^2 zugeteilt. Die Frau erlitt durch all diese Schicksalsschläge einen Nervenzusammenbruch und mußte mehrmals in einer Nervenklinik für einige Zeit untergebracht werden. Ende Dezember hat sich dann das sechste Kind angemeldet. Die beiden jungen Leute waren fest entschlossen durchzuhalten und das Kind zu behalten. Zu alledem wurden die Mitglieder der Familie von einer im Hause wohnenden Person ohne eigentlichen Grund laufend schikaniert, was oft noch schwerer zu ertragen war als alles andere.

Ende April fuhr ein der Familie bekannter Priester nach Medjugorje und empfahl diese Familie durch eine Seherin der Gospa. Die Antwort war: ,,Es wird alles gut werden.'' Der Priester benachrichtigte sofort die Familie und die Frau nahm diese Mitteilung mit vollem Glauben und Vertrauen an, jedoch der Mann meinte: ,,Der Priester will uns nur einen schönen Trost geben.'' — Gegen Ende Juli konnte die Familie ganz unerwartet in ein schönes Einfamilienhaus mit Garage und kleinem Garten umziehen, dadurch wurden sie die lästige Person los. Einige Tage später kam das sechste Kind gesund zur Welt. Seitdem fühlt sich die junge Mutter wieder ganz gesund und hat nach langer Zeit auch wieder Freude an ihrer Familie.

*

Hier ein Bericht der zeigt, daß auch süchtige Menschen von ihren üblen Angewohnheiten geheilt werden.

,,Täglich trank ich wenigstens einen halben Liter harte alkoholische Getränke. Trotz vielen Versuchen gelang mir eine Entwöhnung nicht. Ich begann zu beten und zu fasten. Auch meine Familienangehörigen beteten. Da plötzlich brauchte es keine unerfüllbaren Vorsätze mehr, ich habe einfach kein Bedürfnis mehr nach Alkohol empfunden.'' So erzählte ein Mann in mittleren Jahren, während seine greise Mutter mit einem seligen Lächeln zuhörte und sagte: ,,Auch ich, mein Sohn, habe viel für dich gefastet und gebetet!''

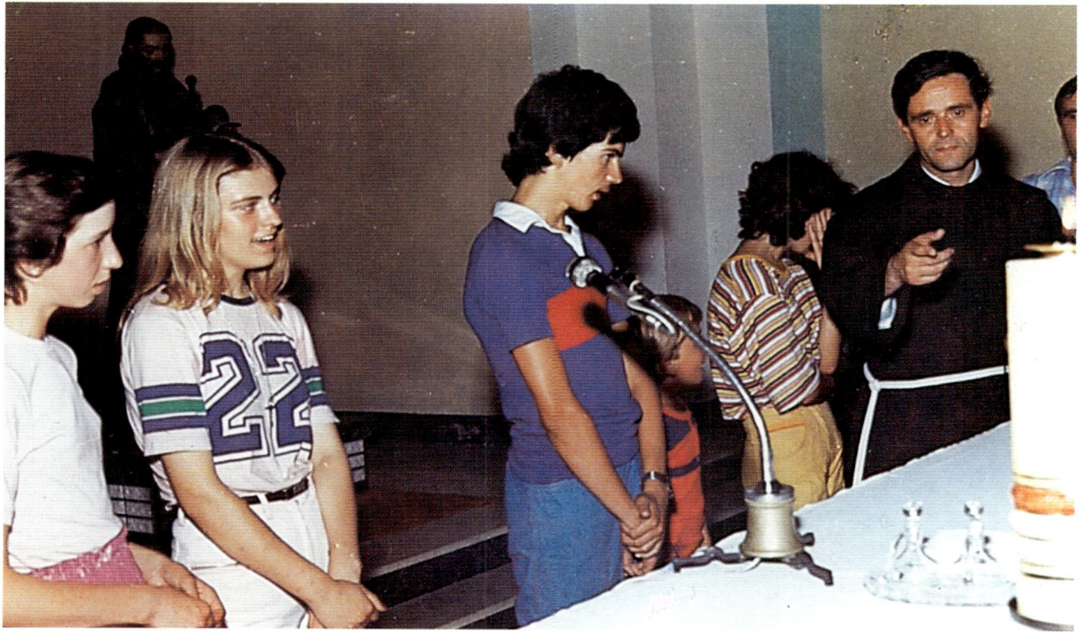

Marija, Mirjana, Ivan, Jakov, Vicka und Pfarrer Jozo Zovko
(Ein Bild aus den ersten Tagen)

Marija, Jakov und Ivanka während einer Erscheinung

Einige Merkwürdigkeiten

Ungefähr zwei Monate vor der ersten Erscheinung wollte Vicka mit ihren Schwestern auf einem Traktor samt Anhänger irgendwohin fahren, um Reisig zu sammeln. Es war fünf Uhr früh. Da fanden sie im Werkzeugkästchen zwei altertümliche große Rosenkränze verschiedener Größe und Form. Auf einem war das Kreuz fast 10 cm lang und mit 14 Kreuzwegstationen versehen. Wie die Rosenkränze dorthin gekommen sind, wußte niemand. Später, bei einer Erscheinung, fragte Vicka die Gospa darüber. Sie sagte, daß die Rosenkränze ihre Gabe wäre, um sie zum Beten anzuspornen. Diese hängen jetzt in Vickas Haus.

*

Zu der Zeit, als man in der Pfarrei Medjugorje die alte Kirche niederreißen wollte, um eine neue zu bauen, gab es eine Gruppe von Gläubigen, die sehr dagegen war. Es gab viele Auseinandersetzungen dabei. Da sagte ein Greis: „Wenn ihr diese Kirche niederreißen werdet, werde ich sterben. Auf diesem Berg aber (er zeigte auf den Berg von Bijakovići), wird einmal alles aus Marmor sein!" Der Greis starb wirklich, als die alte Kirche eingerissen wurde. Ob auch der andere Teil der Vorhersage in Erfüllung gehen wird?

*

Ein paar Jahre vor Beginn der Erscheinungen war eine Gruppe von Gläubigen aus der Umgebung von Medjugorje auf einer Pilgerfahrt in Italien. Sie besuchten dort auch einen bekannten stigmatisierten Priester. Dieser fragte sie, woher sie kommen. Auf ihre Antwort sagte er: „Die Gospa wird euer Vaterland bald besuchen!“

*

Über dem Eingangsportal unter der Orgeltribüne hängt in der Kirche von Medjugorje ein naiv gemaltes Bild, ohne künstlerischen Wert. Es stellt die Gospa dar in weißem Gewand, mit blauem Gürtel, weißem Schleier und blauem Mantel, wie sie mit ausgebreiteten Armen über Medjugorje schwebt. Unten links ist die Pfarrkirche, Bäume stehen vor und rechts von der Kirche. Hinten ist der Berg Križevac sichtbar. Viele, die das Bild anschauen, glauben, daß es nach den Erscheinungen gemalt wurde. Das Bild wurde aber schon im Jahre 1974 von einem naiven Maler gemalt, der autodidakt arbeitet und ein Angehöriger der Pfarrei Medjugorje ist. Er heißt Vlado Falak. Er verkaufte das Bild dem Pfarrer für die Kirche.

*

Aus den Tagen der ersten Erscheinungen wird oft der Fall von dem Wirt erzählt. Als in seinem Lokal in Čapljina die Rede über die schöne Gospa von Medjugorje war, sagte er: „Sie soll zu mir als Kellnerin kommen!“ Einige Minuten danach explodierte im Gasthaus eine Gasflasche. Der Wirt mußte mit furchtbaren Verbrennungen ins Krankenhaus gebracht werden, wo er später starb. Im Gespräch mit den Sehern haben die Seminaristen gefragt: „Hat die Gospa euch etwas darüber gesagt?“ — „Nein!“ — „Und was denkt ihr, war es wirklich eine Strafe dafür, daß er so etwas gesagt hat?“ „Die Gospa sagte uns nichts darüber, aber wir glauben nicht, daß sie sich auf solche Weise rächen würde.“

Die Stellungnahme der Bischöfe

Der Erzbischof von Split, Msgr. Frane Franić, hat inder ersten Nummer vom Jahre 1982 der »Vjesnik Nadbiskupije Splitsko-Makarske« (offizielle Zeitschrift der Diözese) auf Seite 24 in der Rubrik »Nachrichten und Geschehnisse« einen Artikel unter dem Titel »Die Gospa von Medjugorje« mit Unterschrift F.F. veröffentlicht.

Er schrieb zuerst, wie er in Split zwei außergewöhnliche Jesuiten kennengelernt habe, den Pater Thomas Beck und Pater Robert Faricy. Der erstere ist Direktor des Exerzitienheimes in Mailand, der andere Professor an der Fakultät für Aszetik an der päpstlichen Universität Gregoriana in Rom. Diese beiden interessierten sich sehr für Medjugorje. Pater Beck haben die Franziskaner dorthin gebracht. Der Erzbischof sah ihn dann nicht mehr. Pater Faricy half er selbst, nach Medjugorje zu kommen, und dieser schickte ihm später folgenden Brief, italienisch geschrieben. Er übersetzte ihn auf kroatisch.

Euer Exzellenz, hier sind meine Eindrücke darüber, was in Medjugorje geschieht.

1. Mein allgemeines Urteil über die Echtheit der Erscheinung, das ich nach nur sehr kurzer Erfahrung gebe, ohne mit jemandem zu sprechen, ist sehr positiv.
2. Mein Eindruck darüber, was in Medjugorje geschieht, ist der: aufgrund der äußerlichen und geistlichen Aktivität würde ich sagen, und das ist sehr wichtig, daß diese größer ist als in Lourdes oder Fatima.

3. Ich habe gesehen, daß in Medjugorje ein *Haus des Gebetes* notwendig ist, vielleicht von den Franziskanern (oder ein anderes Zentrum der Geistlichkeit), wo auch andere wohnen könnten (Franziskaner oder Franziskanerinnen), die dort zu bleiben wünschen, um zu beten und zu dienen.
4. Das Heiligtum müßte *nicht national, sondern international sein: das scheint mir unumgänglich notwendig.*

Aufrichtig und mit größter Hochachtung grüßt

Robert Faricy, S.J.

Anschließend schreibt der Erzbischof, daß er selbst privat und inkognito nach Medjugorje gefahren ist, und zwar am 19. 12. 81. Er traf gegen 18 Uhr dort ein, es war bereits dunkel. Er stand in der Mitte der Kirche unter den Gläubigen und beobachtete nur, ohne mit jemandem zu sprechen. Am Ende seines Artikels schreibt er: ,,Mein Eindruck über das Gebetsleben in der Kirche war sehr positiv. Aber das Urteil über die Echtheit der Erscheinungen überlasse ich den Fachleuten und der Kirche. Ich möchte empfehlen, daß in die Kommission, die die Echtheit prüfen soll, auch internationale Fachleute eingeladen werden, wie z.B. Pater Beck und Pater Faricy. Ich meine, sie würden gerne kommen, weil für die Ereignisse in Medjugorje großes Interesse in der Welt herrscht.‘‘

Der Erzbischof von Zagreb, Dr. Franjo Kuharić, hat in seiner Predigt am Silvesterabend in der Kathedrale von Zagreb über die Geschehnisse von Medjugorje gesprochen. Er hat es also für wichtig gehalten, sie zu berücksichtigen. Zwei Dinge hat er dabei betont:

1. Die Theologie und die Kirche müssen darüber ihr Wort sprechen. Sie sind die einzig Berufenen, über solche Geschehnissse zu urteilen.
2. Trotzdem müssen wir die guten Früchte, besonders so viele Bekehrungen, anerkennen und für sie Gott dankbar sein.

Ich kann leider seine Worte nicht genau zitieren, weil ich den Text nicht in die Hände bekommen habe. Doch in einem Gespräch hat mir der Erzbischof selbst bestätigt, daß dies seine Gedanken waren. Nachdem er seinen Zweifeln und Sorgen im Zusammenhang mit Medjugorje Ausdruck verliehen hatte, sprach er in demselben Gespräch auch diesen Gedanken aus: „*Und was, wenn wir die Gospa nicht aufnehmen und uns unwürdig so großer Gnaden und Geschenke des Himmels erweisen, sodaß sich die Gospa zurückzieht? Was für eine Verantwortung für uns!*"

Der Bischof von Mostar, Msgr. Pavao Zanić, hat mit Dekret vom 11. 1. 1982 eine Kommission von vier Mitgliedern bestimmt mit der Aufgabe, die Geschehnisse von Medjugorje zu prüfen, gemäß den Vorschriften der kirchlichen Disziplin und Praxis. Nach Bedarf wird die Kommission durch neue Mitglieder erweitert. Die katholische Presse im Lande bringt von da an keine Berichte mehr über die Geschehnisse. Diese Kommission allein soll eventuelle Informationen darüber geben. Das soll aber nicht heißen, daß die anderen für sich privat die Informationen über die Geschehnisse und die Botschaften der Gospa nicht verbreiten dürfen, allerdings unter der Bedingung, daß sie sich dem Urteil, das die Kirche darüber fällen wird, unterwerfen.

*

Noch etwas möchte ich bemerken:

Noch nie in der Geschichte der Kirche — soweit mir bekannt ist —, geschahen Erscheinungen, so wie sie jetzt in Medjugorje geschehen: regelmäßig jeden Tag in einer Kirche während der heiligen Messe, mit voller Kenntnis und Zustimmung und Präsenz des dortigen Klerus.

Weiter ist einmalig im Laufe der Kirchengeschichte, daß die Priester über die Erscheinungen dort in der Öffentlichkeit sprechen, und daß die Seher selbst in dieser Kirche auch öffentlich in ihrer Rolle als Seher auftreten, und zwar jeden Tag als Vorbeter, manchmal sogar durch ihre Aussagen über die Erscheinungen. Und dies geschieht alles mit der vollen Kenntnis des zuständigen Bischofs und seiner wenigstens schweigenden Zustimmung. (Dies wurde auf Weisung des zuständigen Bischofs von Moster inzwischen geändert. Die Erscheinungen der Gottesmutter finden seit dem 12.4.1985 im Pfarrhaus vor Beginn der hl. Messe statt.)

* * *

Das weitere Verhalten der staatlichen Behörden

Die Seher mußten eine furchtbare Verfolgung durchmachen. Von den Milizen und Beamten des SUP wurden sie mit Drohungen, mit gemeinsten Fluchworten und Gemeinheiten überschüttet. Sie wurden sogar eine ganze Nacht hindurch in eine Totenkammer, und einmal in eine Irrenanstalt eingesperrt. Trotzdem sind sie alle standhaft bei ihren Aussagen geblieben.

Es wurden in der ersten Zeit auch alle anderen verfolgt, die an die Erscheinungen geglaubt haben. Der Ortspfarrer Fra Jozo Zovko wurde zu dreieinhalb Jahren Haft verurteilt, angeblich wegen zwei seiner Predigten. Sein Verteidiger hat dem Gericht vorgeschlagen, die inkriminierten Predigten vom Tonband abzuhören. Sein Vorschlag aber wurde abgelehnt.

Der eigentliche Grund seiner Verurteilung waren die Erscheinungen, deren Urheber er in den Augen des Regimes ist, obgleich er überhaupt nicht zu Hause war, als sie begonnen haben. Er ist erst einige Tage später nach Hause gekommen. Die Kommunisten wollen ja keine Existenz Gottes und der Gottesmutter anerkennen, also mußte jemand für die Geschehnisse verantwortlich sein.

Man erzählt, daß zwei Richter in Mostar abgelehnt haben, diesen Prozeß zu führen, und daß zwei Wächter im Gefängnis in Mostar, wo der Pfarrer eingesperrt war, gekündigt haben. Angeblich war mehrmals in seiner Zelle ein großes Licht zu sehen, und seine Zelle, jeden Abend sorgfältig zugesperrt, wurde oft am Morgen offen gefunden, obgleich der Pfarrer keine Möglichkeit gehabt hatte, die Türe zu öffnen. Man erzählt auch, daß einige Zeit nach seiner Verhaftung die Seher an einem Abend weinend in die Kirche gekommen sind und gleich allen erzählten, die Gospa sei diesmal nicht gekommen. Später am gleichen Abend kam sie doch. Auf die Frage, warum sie nicht zur gewohnten Zeit erschienen sei, sagte sie: „Ich war bei eurem Pfarrer, um ihn zu trösten."

Am 12. Februar 1982 begann erneut der Gerichtsprozeß gegen Pfarrer Fra Jozo Zovko, weil sein Anwalt Berufung eingelegt hatte. Am Abend dieses Tages hat die Gospa bei der Erscheinung ihn den Sehern wieder in seiner Zelle in Gefängniskleidung gezeigt, wie sie es schon mehrmals getan hat. Auf die Frage der Seher sagte sie: „Er wird eine geringere Strafe bekommen." Am nächsten Tag kam sein Anwalt nach Medjugorje und sagte, er hoffe auf Strafverminderung, obgleich die Ortsgemeinschaft Medjugorje und die Gemeinde Čitluk (die Funktionäre) eine Erhöhung der Strafe für ihn verlangt haben.

Seine Strafe wurde ihm wirklich vom Obersten Gericht des Landes Bosnien und Herzegowina von dreieinhalb auf zwei Jahre herabgesetzt. Zudem hat das Bundesgericht Jugoslawiens mit seinem Urteil vom 9. Juli 82 den Richterspruch des Obersten Gerichtes des Landes Bosnien und Herzegowina teilweise geändert und die Strafe auf 18 Monate herabgesetzt (Glas Koncila vom 26.9.82). Den beiden andern Mitverurteilten, wurde die Strafe auch ermäßigt, dem Fra Ferdo Vlašić von acht auf fünf Jahre, dem Fra Jozo Križić von fünf auf dreieinhalb Jahre. Fra Ferdo Vlašić und Fra Jozo Zovko waren sehr krank, haben sich aber doch erholt.

Die Zeitschrift »Naŝa Ognjiŝta« wurde im April 1982 von der Behörde verboten mit der Begründung, sie sei vom Ausland finanziert. (Im Verzeichnis der Spender waren einige Namen von Kroaten im Ausland aufgeführt.) Sie ist aber unter dem neuen Namen »Heiliges Erbe« später wieder erschienen.

Der Zutritt auf den Berg der Erscheinungen war lange Zeit untersagt. Die Männer aus dem Dorf mußten täglich kostenlos Wache halten, gewöhnlich nur ein Mann, jedoch am Samstag und Sonntag und wenn viele Pilger kamen, sogar drei. Wer trotz des Verbotes hinaufging, mußte eine sehr hohe Geldstrafe bezahlen.

Der Besuch des Kriẑevac (Kreuzberg) war auch lange Zeit untersagt. Dort stand ebenfalls eine Wache, die niemand passieren ließ. Nun sind diese Verbote alle aufgehoben, und jedermann kann sich frei bewegen.

Am 2. Mai 1982 kam eine Gruppe Pilger aus der Umgebung von Varaẑdin auf den Berg. Bei ihrer Rückkehr warteten schon die Volksmilizen auf sie, nahmen ihnen die Personalausweise ab und brachten sie nach Čitluk. Alle mußten dort ihre Ausweise wieder abholen. Was weiter geschah, ist mir nicht bekannt.

Es war auch untersagt, in der Pfarrei Medjugorje Pilger zur Übernachtung aufzunehmen. Eigentlich könnten die Einwohner den Pilgern ein Nachtquartier geben, aber dann müßten sie jeden Abend die Ausweise der betreffenden Personen zur Miliz nach Čitluk bringen und die vorgeschriebene Taxe und Steuer bezahlen. Das ist aber unmöglich, weil Čitluk etwa 7 km entfernt ist, und die Einwohner von Medjugorje möchten von den Pilgern kein Geld nehmen. Trotz des Verbotes hatten oft viele

Pilger in Medjugorje bei den Einwohnern übernachtet, und nur selten hatte die Kontrolle der Miliz Erfolg. Einmal sind sogar die Milizen von Sarajevo mit einem Bus und mit Polizeihunden gekommen. Eine strenge Razzia wurde gemacht, aber es wurde niemand gefunden.

In Čitluk gibt es ein Hotel der B-Kategorie. Früher gab es Schwierigkeiten, wenn Pilger dort schlafen wollten. Doch seit Ostern 82 können diese ohne weiteres Zimmer bekommen. Man sprach auch davon, daß in ganz Bosnien und der Herzegowina den Autobusunternehmen untersagt war, Pilger nach Medjugorje zu bringen, während die Busunternehmen von anderen Ländern in Jugoslawien dies frei tun konnten. (Diese Schikanen haben nach den ersten Jahren aufgehört. Die Behörden sahen endlich ein, daß der Zustrom nach Medjugorje durch ihr Verhalten nur noch angestachelt wurde.)

Die Haltung der staatlichen Behörden war anfangs immer gleich geblieben, sie war eher noch strenger geworden. Das konnte man zum 1. Jahrestag der Erscheinungen, dem 25. Juni 82 klar erkennen. An diesem Tag kam ein Beamter des SUP (Polizei) nach Bijakovići und sprach mit allen Sehern und zwar mit jedem einzeln. Was er eigentlich wollte, ist nicht bekannt. Um Medjugorje war viel Volksmiliz zu sehen, viel mehr als sonst, obgleich sie auch dort viel öfter kommen als anderswo. Man erzählte mir, daß in den nahen Bergen Spezialeinheiten des Militärs in voller Rüstung einsatzbereit waren.

Alle Autobusse und viele Autos wurden sehr streng kontrolliert. Einen Bus von Varaždin (über 500 km weit von Medjugorje) mußten alle Pilger verlassen, weil seine Papiere nicht in Ordnung waren. Wie die Pilger dann zurück nach Hause kamen, weiß ich nicht. Die Kontrolle war viel öfter und strenger als üblich.

Am 25. Juni 82 war ein Pfarrer mit drei vollen Autobussen von Angehörigen seiner Pfarrei unterwegs nach Medjugorje. Alle drei Busse wurden siebenmal sehr streng kontrolliert und durchsucht, so daß sie am Ende mit Verspätung zur Abendmesse kamen.

Fra Ferdo Vlašić ist seit Mai 82 im Arrest in Foča, wo Fra Jozo Zovko und Fra Jozo Križić schon früher waren.

Im Herbst 81 kam ein Bursche aus Belgrad, dessen Vater Oberst beim Militär ist. Der Junge ist zwar in der orthodoxen Kirche getauft, aber ganz atheistisch erzogen worden. Er kam nach Medjugorje und sagte, er wolle um jeden Preis auf den Berg der Erscheinung. Dort erwischten ihn zwei Milizen und verprügelten ihn so sehr, daß er sich nur noch mit letzter Kraft ins Dorf schleppen konnte. Dort mußte er ein paar Tage bleiben, bevor er zurückfahren konnte. Beim Abschied sagte er: „Die werden zur Verantwortung gezogen werden. Sie wissen nicht, wer ich bin!" — Später hat keiner mehr diese zwei Milizen in Medjugorje gesehen, obgleich die beiden früher sehr bekannt waren und oft gesehen wurden.

Einige sind der Meinung, daß der eigentliche Grund, warum Pfarrer Zovko verhaftet und verurteilt wurde, in folgender Tatsache liegt:

Am Berg, an der Stelle der Erscheinung, legten sehr viele Parteimitglieder ihre roten Büchlein (Parteiausweise) nieder, so daß bereits ein kleiner Berg davon entstand. Alle wurden von den Parteifunktionären dann weggebracht.

Bald nachdem die Erscheinungen begonnen hatten, wurde in Medjugorje eine Versammlung der Parteimitglieder einberufen. Da wurde gesagt: „Wer von den Parteimitgliedern nur einmal auf dem Berg war, dem vergibt man, als ob nichts geschehen wäre. Wer zweimal dort war, bekommt eine öffentliche Ermahnung (die niedrigste Parteistrafe). Wer dreimal dort war, der ist auf der Stelle aus der Partei ausgeschlossen." Alle Anwesenden wurden gefragt, wie oft sie auf dem Berg waren. Da meldete sich ein junger Mann: „Bis jetzt war ich neunmal dort. Schließt mich also dreimal aus der Partei aus!"

Der erste Jahrestag

Anfang April 1982 hat Mirjana bei einer Erscheinung an die Gospa die Frage gestellt, ob sie ein besonderes Fest wünsche. Die Gospa antwortete: Sie wünsche, daß man am 25. Juni, dem Tag, an dem sie bei der Erscheinung zum ersten Mal mit den Kindern gesprochen hat, das Fest »Königin des Friedens« feiert. Es wird aber wohl noch viel Zeit vergehen, bis die Kirche dieses Fest offiziell festlegt. Doch das gläubige Volk hat den Wunsch der Gospa verstanden und mit ganzem Herzen angenommen, umso mehr, als man zu gleicher Zeit auch den ersten Jahrestag der Erscheinung gefeiert hat.

Am 24. Juni 82, dem Fest des hl. Johannes des Täufers, dem Tag der ersten Erscheinung vor einem Jahr, haben sich in Medjugorje sehr viele Pilger zusammengefunden; es waren mehrere Tausende. Viele kamen von weither mit den Autobussen. Nach dem schon üblich gewordenen Abendprogramm in der Kirche, (Rosenkranz, heilige Messe mit Predigt, Glaubensbekenntnis, 7 Vaterunser usw. mit den Sehern, Fürbitten für die Kranken), wie es auch vorgesehen war, hat man in der Kirche eine Vigil gehalten. Bis Mitternacht hat das Volk gemeinsam zur Gospa gesungen und gebetet. Die Kirche blieb die ganze Nacht geöffnet, alle Bänke waren voll. Die Menschen versuchten in den Bänken zu schlafen, wie es eben ging, ein wenig zu schlummern und dann wieder zu beten, jeder still für sich, und so bis zum Morgen. Draußen um die Kirche war noch mehr Volk, alle könnte die Kirche nicht fassen. Unter freiem Himmel versuchten die Leute auf bloßer Erde zu schlafen, so wie es möglich war. Nirgendwo im Dorf konnte man ein Quartier bekommen. Das Hotel in Citluk konnte nur eine geringe Zahl aufnehmen, weil es nicht viele Zimmer hat. Die meisten dieser Menschen pilgerten am nächsten Vormittag wieder nach Hause. Es kamen aber ständig wieder neue dazu.

Schon am Freitagvormittag, dem 25. Juni, hat man mehrere hl. Messen gefeiert. Die Kirche war stets voll. Draußen um die Kirche war es genau so. Der Höhepunkt war am Abend. Am Nachmittag fluteten von allen Seiten große Volksscharen in Richtung Kirche von Medjugorje zusammen. Viele kamen mit Autos und Autobussen, aber die meisten kamen zu Fuß, viele barfuß, sogar aus einer Entfernung von 100 km. Ein Augenzeuge erzählte mir, wie er die barfüßigen Pilger beobachtet hat: sie gingen, als würden sie auf Nadeln treten. Die Füße, nicht gewöhnt, barfuß zu gehen, zogen sie immer schnell wieder hoch, weil der Asphalt von der Hitze geradezu heiß war.

Sie gingen aber beharrlich weiter bis zum Ziel, wo die Gospa auf sie wartete. Manche Pilger waren auch von Mazedonien, Serbien, Vojvodina, und sehr viele aus den kroatischen Gebieten und Slovenien, sogar vom Ausland gekommen. Alle kamen zur gemeinsamen himmlischen Mutter. An diesem Tag war in Medjugorje 35 Grad Hitze im Schatten. Es hatte schon längst nicht mehr geregnet. Man erzählte, seit Weihnachten habe es nur einmal geregnet. Schatten gab es nur wenig, auch dieser half nicht viel. Die Hitze war fast unerträglich. Nachts war es ein bißchen frischer, es blieb aber immer sehr warm. Das Gras war überall ganz trocken, weil es im Boden kaum Feuchtigkeit gab. Die Tabakpflanzen, die zu dieser Jahreszeit schon ganz hochgewachsen sein sollten, blieben dünn und klein. Die Weingärten zeigten viele Früchte, aber alles würde ohne Regen zugrunde gehen. Diesmal war das Kommen nach Medjugorje ganz bestimmt keinem Pilger ein Vergnügen, aber allen eine wahrlich große Buße. Die Gospa in Medjugorje verlangt Buße, das Volk ist ihrer Forderung gefolgt.

Die Kirche war am Abend überfüllt. Drinnen heiß und schwül wie in einem Ofen, draußen um die Kirche war ebenfalls alles voll Pilger.

Die Franziskaner in Medjugorje schätzten, daß es etwa 50 000 Menschen waren, die größte Menge, die je nach Medjugorje gekommen ist. Sie sagen, ungefähr so viele Menschen waren voriges Jahr im September am Berg Krîževac. Andere aber behaupten, daß es viel mehr waren, weit über 50 000.

»Glas Koncila«, Nr. 14 vom 18. Juli 1982 berichtet: „An den Tagen des 24. und 25. Juni ... kamen nach

Medjugorje ca. 100 000 Pilger vom In- und Ausland. Viele junge Leute gingen zu Fuß auch über 70 km. Wegen der Menge der Pilger feierte man mehrmals die heilige Messe in kroatischer, slovenischer und italienischer Sprache. Etwa hundert Priester hörten abwechselnd die Beichten. An beiden Tagen, nach den heiligen Messen, gemäß der Empfehlung der Bischofs-Konferenz Jugoslawiens und dem Wunsch von Papst Johannes Paul II., *weihten sich die Pilger dem Unbefleckten Herzen Mariens.* Das war bestimmt die größte Menge von Gläubigen, die bis jetzt diese Weihe gemäß der Empfehlung unserer Bischöfe vollzogen hat."

Man beichtete an beiden Seiten und hinter der Kirche, wie es schon üblich geworden ist. In der Kirche wäre es unmöglich gewesen, des Gedränges und der Hitze wegen. Die Beichtväter saßen auf gewöhnlichen Stühlen, die Beichtenden knieten auf der bloßen Erde, ohne irgend eine Lehne oder sonst eine Bequemlichkeit, meistens in der glühenden Sonne. Aber das störte niemanden. Die Pilger kamen, um von der Gospa Segen und Hilfe zu erbitten, und sie wußten genau, daß die erste Bedingung ist, sich von der Sünde in einer reuigen Beichte freizumachen. Die heilige Kommunion wurde während der heiligen Messe in der Kirche und draußen ausgeteilt. Nachher mußte man in der Kapelle noch eine heilige Messe feiern, um einige Ziborien voll von Hostien zu konsekrieren, weil die konsekrierten Hostien ausgegangen waren.

Was hat diese ganze Menge des Volkes hierher gebracht? Hier gibt es nichts von all dem zu kaufen, was es sonst in andern Wallfahrtsorten bei solchen Gelegenheiten in Hülle und Fülle zu kaufen gibt. Hier kann man nicht einmal etwas Wasser zu trinken bekommen, außer Regenwasser aus der Zisterne beim Pfarrhaus, wo es noch eine Inschrift gibt: „Spare mit Wasser — nur zum trinken!" In solcher Hitze wäre trinken notwendig gewesen. Bei der Schwester im Pfarrhof kann man noch irgendein Gebetbuch, einen Rosenkranz, oder die Zeitschrift »Sveta Baŝtina« = Heiliges Erbe, die jetzt an Stelle der verbotenen Zeitschrift »Naŝa ognjiŝta« erscheint, sowie die Zeitschrift »Glas Koncila« oder irgend ein religiöses Büchlein kaufen. Und das ist alles.

Dieses Volk sucht nach etwas anderem. Es glaubt fest, daß unsere himmlische Mutter hier auf unsere elende Erde gekommen ist und noch immer jeden Abend kommt. Das Volk fühlt und erlebt hier diese Nähe des Himmels und kommt zu seiner Mutter, um ihr, die hier auf eine besondere Weise nahe ist, seine Wünsche, Gebete und Anliegen vorzubringen, um ihr seine Seele und sein Herz zu öffnen, um in ihrem mütterlichen Herzen Liebe, Verständnis und Hilfe in seiner Not an Leib und Seele zu finden. Das Volk begreift, daß die Mutter Gottes seinetwegen hierher kommt. Es versteht ihre mütterliche Sorge für uns, unsere Zukunft und Ewigkeit. Und das Volk gehorcht seiner Mutter, nimmt ihre Botschaft auf und führt sie in seinem Leben durch. Viele Weise und Gelehrte haben Hunderte von Einwänden und große Schwierigkeiten, um die Gospa, die hierher kommt, aufzunehmen. Das Volk aber nimmt sie einfach auf und gehorcht ihr, auch dann, wenn sie Bekehrung, Änderung des Lebens, beharrliches Gebet, Buße und Versöhnung verlangt. Hier gehen wieder die Worte Jesu in Erfüllung: „Selig sind die Armen im Geiste ..." und: „Ich danke dir, Vater, daß du es den Weisen und Klugen verborgen, den Kleinen aber geoffenbart hast ...“ Aus voller Brust und aus klangvollen Kehlen erschallt das Lied zur Gospa von Medjugorje: „Wir sind gekommen, liebe Mutter, von allen Seiten dieses Landes. Wir haben Dir unser Elend gebracht, und in ihm unsere Wünsche. Schau auf uns, tröste uns, lege uns deine Hände auf. Empfiehl uns deinem Sohne, Mutter des Friedens, bitte für uns!“ Das Volk weiß und fühlt, daß es noch nie gehört wurde, daß sie jemanden verlassen, der bei ihr Zuflucht gesucht hat. Deshalb kommt es mit so großem Glauben und mit Zuversicht und in so großer Zahl zum Thron der Gnade, zu der Königin des Himmels und der Erde, zu seiner Mutter, die als »Königin des Friedens« hierher kommt ...

Bei der Erscheinung an diesem Tag, kurz vor der Abendmesse, hat die Gospa durch die Seher den Priester gebeten, dem Volke in ihrem Namen für die Gebete, Opfer und Buße zu danken. Sie hat dann das Volk aufgefordert, auch weiterhin in Gebet, Fasten und Bekehrung auszuharren und geduldig auf die Erfüllung ihrer Verheißungen zu warten. Sie sagte noch, daß alles nach dem Plane Gottes geschieht. Eine ähnliche Botschaft hat sie auch vor kurzer Zeit gegeben. Ein Franziskaner hat das nach der hl. Messe dem Volk kundgetan. — An jenem Abend waren alle Seher bei der Erscheinung anwesend.

Wie ich Medjugorje erlebt habe

Endlich ist mein so lang und heiß ersehnter Wunsch in Erfüllung gegangen. Nachdem ich schon vier volle Monate eigentlich und einzig für Medjugorje und die Botschaft der Gospa lebe, befand ich mich nun am 29. April 1982 nachmittags in Medjugorje.

Mein erster und größter Wunsch war natürlich, bei der Erscheinung der Gospa, und das jeden Abend meines Aufenthaltes in Medjugorje, anwesend zu sein. Man sagte mir, ich solle eine Viertelstunde vor 18 Uhr in die kleine Kapelle kommen, die der Sakristei gegenüber liegt. Regelmäßig, schon durch längere Zeit, erscheint dort die Gospa kurz nach 18 Uhr, wenn die heilige Messe in der Kirche beginnt.

Ungefähr fünfzehn Personen, darunter einige Ordensschwestern, hatten sich da bereits eingefunden. Etwa fünf Minuten vor 18 Uhr kamen Vicka und Jakov. Sie kamen ganz einfach daher. Vicka grüßte mit »Gelobt sei Jesus Christus«. Sie ging gleich auf die bekannten Ordensschwestern zu, die sie mit dem üblichen Kuß begrüßte, ebenso einige der bekannten Frauen. Jemand gab ihr Zettel mit Fragen und Anliegen für die Gospa und ich sah, daß sie schon solche mitbrachte. Auch ich gab ihr meinen Zettel, auf dem ich mit Schreibmaschine einige meiner Anliegen und Fragen geschrieben hatte, ebenso einen Brief von der Oberin eines kroatischen Karmels an die Gospa. Vicka nahm alles, las es und legte es dann vor sich auf den Altar. Die Seher stehen immer dicht davor. Jakov stellte sich neben Vicka und schmiegte sich ganz an sie, so klein, wie ein Kind, das sich ganz an seine Mutter schmiegt. Dann, nachdem in der Kirche die heilige Messe begonnen und Jakov schon vorher die Türe geschlossen hatte, falteten beide eindrucksvoll die Hände, machten das große Kreuzzeichen und sprachen laut: „Im Namen des Vaters und des Sohnes und des Heiligen Geistes.“ Dann begannen sie zu beten: „Vater unser ..., Gegrüßt seist du, Maria ..., Ehre sei dem Vater ...“ und wir Anwesenden mit ihnen. Wir beteten alles gemeinsam. So das erste, zweite, dritte und vierte Vater unser.

Ich habe schon gedacht, daß die Gospa vielleicht meinetwegen, so wie ich eben bin, überhaupt nicht kommen würde. Da, beim fünften Vater unser ... — stop! Im gleichen Augenblick stürzen die beiden wie hingemäht auf die Knie, so vollkommen gleichförmig, daß es ihnen die bestgedrillte Soldatenabteilung nicht gleichtun könnte: Die *Gospa* war da. Alle Anwesenden sanken auf die Knie. Stille. Ich kniete ein bißchen an der Seite, hinter Vicka. Ich konnte ihr Gesicht nicht sehen. Sie hatte den Kopf ein wenig erhoben, die gefalteten Hände vor der Brust, aber so, daß die Finger einer Hand die geschlossene andere Hand bedeckten, Jakov genauso. Nach einiger Zeit unterbrach Vicka das Schweigen: „der du bist im Himmel ...“. So nahmen wir alle zusammen das Vater unser, das die Gospa begonnen hatte, auf und beteten gemeinsam mit *ihr*. Nach dem Vater unser, ohne auch nur die kleinste Pause zu machen, als würde sie immer nur so beten, schloß Vicka das „Ehre sei dem Vater ...“ an. Die Gospa betete mit uns. Weil sie aber nicht zu sich selbst beten kann, blieb das „Gegrüßt seist du, Maria“ aus. Nachher wieder Stille. Und dann, nach einiger Zeit, kam aus Vickas Mund ein halblauter Seufzer: „Ode!“ (Sie ist weg.) Die beiden erhoben sich. Jakov war gleich verschwunden. Ich konnte nicht sehen, wann und wohin. (Er war in der Kirche bei dem Altar mit anderen Kindern.) Vicka zog sich zurück und nahm Platz auf der Bank neben einer Ordensschwester.

Jetzt konnte ich wenigstens von Zeit zu Zeit einen Blick auf Vickas Gesicht werfen. In ihren Augen sah ich den Himmel. Die Augen und das Gesicht haben einen ganz besonderen Ausdruck wiedergegeben, den ich sonst noch nie und bei niemandem und nirgendwo gesehen habe: wunderbare Wonne, Freude, Glück, Seligkeit, Entzücken, Friede, Liebe und noch etwas, was ich überhaupt nicht imstande bin mit Worten auszudrücken, strömte aus ihren Augen und ergoß sich über ihr Gesicht. Ich hatte Vicka diesen Nachmittag in ihrem Hause kennengelernt, aber diesen Ausdruck hatte ich in ihrem Gesicht nicht wahrgenommen. — Und jetzt blieb er noch einige Zeit. Ich bemerkte ihn auch noch während der Fürbitten über die Kranken, die die Franziskaner, hinter dem Altar stehend (der Altar ist dem Volk zugewendet), mit ausgebreiteten Armen sprechen, während die Seher hinter ihnen auf den Stühlen sitzen. Dieser Ausdruck zeigte klar, daß ihre Augen kurz vorher den Himmel auf der Erde geschaut haben. Jakovs Gesicht konnte ich auch dann nicht sehen, aber es scheint mir, daß dieser Ausdruck an ihm fehlte.

Ich war noch anwesend bei der Erscheinung an den zwei folgenden Abenden. Am zweiten Abend war außer den beiden auch Marija da, am dritten kam Ivanka dazu.

Am zweiten Abend nahm ich den Platz zwischen Altar und Fenster ein, um die Gesichter der Seher während der Erscheinung besser sehen zu können. Aber ich hatte mich getäuscht. Der Altartisch war voll mit verschiedenen Gegenständen, u.a. auch mehreren Flaschen mit Wasser, die die Gläubigen gebracht hatten, damit die Gospa sie segne, und das alles in Plastiktüten. Als die Seher auf die

Knie stürzten, wieder wie hingemäht, genauso wie am Abend vorher, verdeckten diese Gegenstände ihre Gesichter. Ich versuchte, mich ein wenig nach rechts zu beugen hinter der Person, die neben mir kniete, um doch die Gesichter zu sehen, aber mit wenig Erfolg. Diesmal kniete links neben Jakov Vicka und rechts von ihm Marija.

Am dritten Abend kam ich zwischen Tür und Altar zu stehen. Außerdem war ich ein bißchen später dran und kam erst kurz vor Beginn der heiligen Messe, weil ich in der Kirche Beicht gehört hatte. Die Kapelle war fast ganz voll Menschen. Während der Erscheinung konnte ich die Gesichter der Mädchen gut sehen. Jakovs Gesicht konnte ich wieder nicht sehen, weil er so klein ist und ganz hinter dem Altar verborgen war. Die Augen aller drei waren weit geöffnet und unbeweglich auf einen Punkt an der Wand gerichtet, gerade dorthin, wo das Kruzifix hängt, besser gesagt, ein wenig darunter, den Kopf etwas erhoben, aber so, daß das harmonische Aussehen nicht gestört war. Die Mienen von Marija und Ivanka änderten sich die ganze Zeit nicht, wenigstens habe ich nichts bemerkt. Sie waren sehr schön, heiter und ernst in einem, aber bei weitem nicht so ausdrucksvoll wie die von Vicka. Hier war wieder alles ganz so, wie ich es am ersten Abend erlebt habe. Und ihre Miene änderte sich: bald zeigte sich ein Lächeln, aber ein ganz eigenartiges, das unmöglich zu beschreiben ist, so schön, daß der Mensch es immer nur ansehen möchte — dann wurde das Gesicht wieder etwas ernster, aber der Grundausdruck war immer da. Bei allen dreien bemerkte ich, daß sie mehrmals die Lippen bewegten, langsam, nicht so schnell wie man sonst spricht.

Alles andere war genauso wie am ersten Abend, nur am Beginn der Erscheinung war eine kleine Änderung: Wir beteten vier Vaterunser und beim fünften nur ein wenig mehr als am ersten Abend: „Vater unser, der du bist im Him ...“ und alle drei stürzten wieder auf dieselbe Weise auf die Knie. Am Ende sagte nur Vicka „Ode“.

Am dritten Abend waren vier Seher anwesend. Nach den gewöhnlichen Vorbereitungen und gleich nach Beginn der heiligen Messe kamen alle vier vor den Altar, Ivanka, Jakov, Vicka und Marija. Sie hatten kaum die ersten Worte ausgesprochen „Vater unser, der du bist im Him ...“ und schon fanden sich alle vier auf dieselbe Weise auf den Knien. Die Erscheinung dauerte am ersten Abend fünf bis sechs Minuten. An den zwei anderen Abenden dauerte sie etwa sechs Minuten. Am dritten Abend seufzten Ivanka und Vicka: „Ode“, aber nicht gleichzeitig. Ich konnte beide „Ode“ ganz gut voneinander unterscheiden. Zwischen beiden war ein Abstand von einem Bruchteil einer Sekunde.

Was ich während der Erscheinung fühlte, war: die Gospa, die Königin des Himmels, die Mutter meines Heilandes und Gottes und meine Mutter, ist da. Mit Seele und Leib ist sie anwesend, nur zwei Meter weit von mir, am zweiten Abend nur einen Meter entfernt. Ich habe nichts gesehen, nichts Außergewöhnliches, außer die Seher vor mir. Aber in mir brannte das Herz. Trotz bestem Willen kann ich nicht genau beschreiben, was in mir vorging, besonders am dritten Abend. Das Bewußtsein der Anwesenheit der Gospa hat mich so sehr ergriffen, daß mich bestimmt keine Macht der Erde in meinem Glauben erschüttern könnte, daß die Gospa wirklich da war. Nie mehr werde ich vergessen können, was ich in diesen Augenblicken in meinem Innern erlebt habe.

Einst habe ich mit soviel Sehnsucht gedacht: Wann werde ich irgendeinen Ort besuchen können, wo die Gospa auf diese unsere Erde herabgekommen ist. Und dieser, für mich einst durch viele Jahre unerreichbare Traum hat sich verwirklicht, weil ich mehrmals Banneux, Beauraing, Lourdes und Fatima besuchen und dort überall, besonders in Fatima, unvergeßliche Stunden erleben durfte. Aber das hier, das übertrifft alles andere, wie der Himmel die Erde. Dort waren die Spuren der Gospa, die sie dort vor so vielen Jahren hinterlassen hat. Und hier war sie selbst, lebendig und wirklich anwesend!

Und wie groß war dann die Freude für mich, daß ich alle drei Tage die hl. Messe auf diesem Altar feiern und auf derselben Stelle stehen durfte, wo am Abend vorher *sie* gestanden hatte. Ist es dann also ein Wunder, daß ich mich nach diesen drei Tagen nicht von dieser geweihten Stelle losreißen konnte! — Mein Herz ist dort geblieben.

Zum Friedensgruß stand am ersten Abend Vicka auf und reichte einem jeden von uns die Hand, aber mit wieviel Wärme und Herzlichkeit ... Von irgendwoher tauchte auch Jakov auf und auch er reichte einem jeden die Hand, auf seine so sympathische, kindliche Weise. Ähnlich war es auch an den folgenden Abenden. Nur war die Zeit zu kurz, daß jeder Seher einem jeden Anwesenden die Hand reichen konnte. Zum Empfang der heiligen Kommunion gingen die Seher zum Altar und empfingen sie neben den Ministranten.

Vicka kehrte in die Kapelle zurück und kniete hinter dem Altar in der Ecke, um *dem* Dank zu sagen, dessen Mutter sie kurz zuvor mit eigenen Augen geschaut hatte — tief ins Gebet versunken. Jakov kniete neben ihr. Nach einiger Zeit, während in der Kirche noch die Kommunion ausgeteilt wurde, erhob sich Vicka und ging zu einigen Personen, um ihnen die Antwort der Gospa auf ihre Fragen und Anliegen mitzuteilen. Ich glaube, diese Personen wollten früher weggehen, so mußten sie ihre Antworten früher bekommen. Zu mir kam sie nicht. Erst nachdem in der Kirche die Fürbitten für die Kranken beendet waren, die die Franziskaner beteten, und keine Schwerkranken für einen besonderen Segen da waren, kam Vicka zurück in die Kapelle und rief mich zur Seite, um mir die Antwort der Gospa zu sagen. Die Zettel weder suchend, noch sehend, wußte sie genau, wem welche Antwort zu geben war. ... Es unterlief ihr kein Irrtum. Etwas später reichte sie mir auch meinen Zettel zurück und den Brief der Mutter Priorin vom Karmel.

Am Samstag fragte ich Jakov, ob er wisse, was die Gospa auf meine Fragen geantwortet habe. Er sagte mir, ihm sei nichts bekannt. Er hat auch einige Zettel mit Fragen und Bitten an die Gospa gehabt. Ich habe mit keinem darüber gesprochen, aber ich habe den Eindruck, daß die Seher gleichzeitig, ein jeder für sich der Gospa die erhaltenen Anliegen und Fragen vorlegt und die Antwort von ihr bekommt, ohne zu wissen und zu hören, was die anderen sprechen und erhalten. Aus den früheren Aussagen der Seher ist mir bekannt, daß die Gospa gemeinsam zu allen spricht, sodaß alle nur jene Dinge hören und verstehen, die alle angehen, und daß sie manchmal jemanden oder alle anderen ausschließt und nur zu jenem spricht, den die Sache angeht. Es scheint, daß sie auch in dieser Sache genauso tat.

Gleich nach der heiligen Messe knien alle Seher hinter dem Hauptaltar in der Kirche und auf jeder Seite ein Franziskaner. Dann beginnt der Franziskaner zuerst das Glaubensbekenntnis zu beten, und zwar das große, das in kroatischen Gebieten immer bei der heiligen Messe gebetet wird. Dann beten die Seher vor: Sieben Vaterunser, Ave Maria und Ehre sei dem Vater. Danach beginnt der Franziskaner das Salve Regina auf kroatisch. Anschließend stellen sich wenigstens zwei Franziskaner, manchmal auch mehrere oder auch Diözesanpriester hinter dem Altar auf, breiten beide Hände vor sich aus und einer von ihnen betet die Fürbitten für die Kranken. Diese scheinen mir eine Improvisation zu sein, da sie nicht immer gleich lauten — wahrscheinlich durch das Gebet inspiriert, welches Pfarrer Zovko zu beten begonnen hat.

Am Anfang haben die Seher auch dieses Gebet laut oder still für sich gebetet, stehend, mit ausgebreiteten Händen. Das war aber für sie zu anstrengend und erschöpfte sie sehr. Deshalb wurde der Brauch eingeführt, daß die Seher während dieser Fürbitten auf den Stühlen hinter dem Altar sitzen. Nachher bringt man die Schwerkranken auf diese Stühle, und wenn es notwendig ist, werden noch weitere Stühle gebracht. Dann kommen die Seher zu jedem der Kranken einzeln, legen einem jeden beide Hände auf den Kopf und beten längere Zeit über jeden. Dies geht offensichtlich auf Fra Zovko zurück, von dem ich gehört habe, daß er bei der charismatischen Bewegung ist. Die Charismatiker haben die Gewohnheit, besonders über die Kranken so zu beten.

Am Donnerstagabend, nachdem alles beendet war, brachte jemand ein krankes Kind in die Kapelle, etwa sechs bis sieben Jahre alt, nervenkrank, das fast ununterbrochen stöhnte. Vicka legte beide Hände fest auf den Kopf des Kindes und betete. Freitag und Samstag kamen mehrere Kranke, und die Seher haben das gleiche in der Kirche getan. Wenn keine Schwerkranken da sind, kommen die Seher auf die Bitten der Pilger in die Kirche und reichen allen die Hand, die das wünschen. Und das wünschen viele. Man sieht den Kindern nicht an, daß ihnen das schwerfallen würde, oder daß sie müde sind, obgleich dies sicher der Fall ist. Sie tun das mit einem schönen Lächeln.

Nach Medjugorje kam ich am Donnerstag, am frühen Nachmittag. Nach einem kurzen Aufenthalt in der Kirche, und nachdem ich mich im Pfarrhaus angemeldet hatte, ging ich nach Bijakovići, fragte um Vickas Haus und fand es. Es war ca. 15 Uhr.

In der Küche auf dem Sofa saß Vickas Großmutter, die vollständig taub ist, und betete ihren Rosenkranz. Vickas jüngste Schwester war auch da. Die Kleine hatte den Arm eingebunden, den sie sich irgendwann im Frühjahr gebrochen hatte. Hinter den beiden auf dem Sofa schlief Vicka. Sie erhob sich gleich nach meinem Eintritt. Mir war es unangenehm, sie geweckt zu haben, aber ich wußte ja nicht, daß sie ausruhte. An diesem Tag blies ein sehr kalter Wind und sie hatte Tabak gepflanzt, war davon sehr müde und hatte Kopfweh. Deshalb legte sie sich hin, um ein wenig auszuruhen. Aber sie zeigte kein Zeichen von Unwillen oder Ungeduld. Ich war nicht vorbereitet auf ein Gespräch mit ihr und ebenfalls sehr müde von der langen Reise. So fragte ich nur, was mir eben einfiel, und wollte mit ihr einen Termin für später verabreden, da ich dachte, noch drei Tage Zeit zu haben. Aber auch hierin habe ich mich geirrt. Freitags pflanzte sie den ganzen Tag Tabak, am Samstag war sie mit Jakov in Split und ich konnte sie nur für zehn Minuten vor der ersten heiligen Messe am Sonntag in der Frühe erreichen. Sogar hier hatte ich Pech, weil ihr vor der Kirche ihr bekannte Frauen aus der Umgebung von Varaždin begegneten, die sie eine Viertelstunde beanspruchten, so daß sie erst spät zu mir in die kleine Kapelle kam. Sie müßte sich wirklich zerreißen, um alle zufrieden zu stellen.

Ich war noch nicht lange bei Vicka im Haus, da erschien auf einmal ein kleines Bürschchen, und Vicka stellte es mir vor: „Das ist Jakov." Das erste, was ich ihn fragte, war: „Also Jakov, Dinamo ist der Meister, was sagst du dazu?" Er lachte nur freudig, nahm dann den angebotenen Kaugummi und die Bonbons und teilte sie gleich mit Vicka und ihrer Schwester.

Draußen, auf dem geteerten Dorfweg, spielte eine Gruppe gleichaltriger oder ein wenig älterer Jungen mit dem Ball. „Hallo, Buben, für wen seid ihr, für Dinamo oder Velež?" (Velež = Fußballclub, 1. Liga in Mostar. Am Tag zuvor hat Velež über Dinamo in Mostar gesiegt.) Aus fünf oder sechs Bubenkehlen erscholl einstimmig: „Für Dinamo und Cibona!" (Cibona = Korbballclub in Zagreb, 1. Liga, 3facher Meister in diesem Jahr.) Jakov hat wahrscheinlich auch mit ihnen kurz vorher gespielt.

Marija kam erst am Freitag, im Laufe des Nachmittags nach Hause. Ich sah sie erst am Abend, bei der Erscheinung, und nachdem alles beendet war, verabredete ich mit ihr, ich würde sie am Samstag zu Hause besuchen. Sie hat aber Tabak gepflanzt, weil sie der Mutter helfen muß. So habe ich sie erst später, beim zweiten Versuch, zu Hause angetroffen. Da sie vom Tabakfeld kam, entschuldigte sie sich, daß sie schmutzig sei von der Arbeit. Sie konnte sich noch nicht umziehen. Sie ist groß und schmal, ungefähr so wie Vicka, aber ganz anders als diese. Vicka ist temperamentvoll und lebendig, Marija aber sehr ruhig, still und zurückgezogen. Doch ihre Güte und Geduld konnte sie nicht verbergen. Ein mir bekanntes Ehepaar war auch mitgekommen, das sie sehen und hören wollte. Sie ist diese Neugierde gewöhnt. Als diese sich aber anschickten, unser Gespräch auf Tonband aufzunehmen, wehrte sie sich entschieden, und so bat ich die beiden, es zu unterlassen. Auf die Fragen antwortete sie schön und ruhig. Sie bestätigte, daß sie auch in Mostar regelmäßig die Erscheinungen hat. Es ist immer jemand von ihren Verwandten anwesend. Sie wird ins Kloster gehen. „Nach Bijelo Polje?“(=Weißenfeld, wo die Franziskanerinnen ihr Noviziat haben.) „Ich weiß es noch nicht.“

Ich wollte auch Jakovs Haus besuchen und fragte ihn, ob seine Mutter zu Hause ist. „Nein, sie arbeitet irgendwo im Tabakfeld bei anderen Leuten.“ Ich merkte, daß er mich nicht zu seinem Haus, das weiter unten im Feld liegt, führen wollte und drängte nicht weiter.

Ivanka kam am Samstag erst spät nachmittags nach Bijakovići. Deshalb konnte ich sie weder persönlich kennenlernen, noch mit ihr sprechen. Sie ist noch ein bißchen größer und stärker als Vicka und Marija, mit prächtigem langen und schwarzen Haar, das sie offen trägt. Am Samstag Abend betete sie lange Zeit über die Kranken. Vicka habe ich getroffen und mit ihr ein Treffen für Sonntag früh in der Kapelle der Kirche verabredet. Als ich sie bat, auch Ivanka mitzubringen, sagte sie gleich, daß das nicht möglich sei werde. Auch mit Mirjana konnte ich nicht sprechen, denn sie war in Sarajevo.

Warum gibt es keine Erscheinungen mehr vor großen Volksmengen?

Gerade wegen der Menge der versammelten Menschen wurde das Betreten des Erscheinungsberges Crnica von den staatlichen Behörden verboten. Würden nun die Erscheinungen anderswo stattfinden, wo große Volksmengen hinkommen können, so würde wieder dasselbe passieren. Die Seher hatten vieles zu erleiden, weil in den ersten Tagen viel Volk Zeuge der Erscheinungen war. Das konnte die Behörde nicht dulden. Daher wurden die Seher festgenommen und verhört. Von all den vielen Strapazen waren sie stark übermüdet. Nachdem es verboten war, auf den Berg zu gehen, kamen die Seher an anderen Orten zusammen, unten im Feld oder im Wäldchen, immer im kleinen Kreis, wo dann die Erscheinungen stattfanden. Als aber das Volk auch dorthin zu kommen begann, kamen sie in ihren Häusern zusammen. Seit dem 15. Januar 1982 bis 12. April 1985 erschien die Gospa in der Kapelle in der Pfarrkirche zu Beginn der hl. Messe.

Vielleicht will die Gospa gerade durch die Vielzahl ihrer Erscheinungen in Medjugorje und anderswo, (Mostar, Sarajevo, Visoko bei den Sehern) und vielleicht auch durch ihre Erscheinungen in Izbično den staatlichen Behörden klarmachen, daß sie sich nicht »einfangen« oder vertreiben läßt, denn keine irdische Macht kann die Königin des Himmels und der Erde davon abhalten, ihren Kindern zu erscheinen, um ihnen in ihren irdischen Nöten beizustehen und sie zur Buße und Bekehrung zu führen.

Die letzte Aufforderung zu Gebet und Umkehr

Im Gespräch Ende November 1982 antwortete Mirjana auf die Frage, warum hier die Gospa so oft kommt, durch so lange Zeit und gerade so intim nahe, ganz anders als irgend einmal früher bei einer Erscheinung, ohne zu zögern: ,,Weil das die letzten Erscheinungen der Gospa sind.'' Weiter sagte Mirjana, daß die Gospa beteuerte: ,,Wenn diese Erscheinungen einmal beendet sind, wird es in der Welt nur noch einige falsche Erscheinungen geben.'' So müssen wir vorsichtig sein, damit wir uns nicht irreführen lassen.

Mirjana kann nicht sagen, ob der Begriff »die letzten Erscheinungen« nur den jetzigen Zeitraum der Kirche betrifft, oder daß es überhaupt keine Erscheinungen mehr geben wird.

In meinem ersten Bericht über Medjugorje im Januar 1982 habe ich geschrieben, daß die Erscheinungen in Medjugorje die letzten sein sollten. Am 2.Mai 82 hat

jemand im Gespräch die Seherin Vicka gebeten, ihm zu sagen, was sie darüber weiß. Sie antwortete: „Einmal hat bei einer Erscheinung die Gospa wörtlich gesagt: ‚Ich bin zum letzten Mal gekommen, um das Volk zu bekehren, weil ich nicht mehr auf die Erde herabkommen werde.' "
Viele konnten diese Aussage nicht fassen und nicht akzeptieren, viele waren auch ganz entschieden dagegen, daß die Gospa so etwas sagen könnte. Um jeden Zweifel zu beseitigen, ließ Fra Tomislav Vlašić am 25.6.82 durch den Seher Ivan der Gospa eine Doppelfrage stellen:

1. Ob dieses Erscheinen der Gospa in Medjugorje das letzte ist? — Darauf gab die Gospa keine Antwort.
2. Ob die Erscheinungen der Gospa in der heutigen Welt die letzten sind? — Die Gospa antwortete: „Das sind die letzten Erscheinungen!"

Wenn wir die ganze Art und Weise etwas näher betrachten, wie die Gospa in Medjugorje kommt, besonders ihre Nähe, geradezu vertrauliche Nähe den Sehern und durch diese auch allen anderen Menschen gegenüber, und dann die Dauer und Häufigkeit der Erscheinungen, so müssen wir in alledem das letzte und intensivste Bemühen der Liebe der Gospa zur sündigen Menschheit sehen, um diese zur Bekehrung anzuspornen. Ich könnte mir nicht vorstellen, wie sie sich noch mehr erniedrigen und uns noch näher kommen könnte. Sie kommt so, als möchte sie uns ihre ganze mütterliche Liebe und Zärtlichkeit zeigen, um dadurch uns für ihre Botschaft empfänglich zu machen.

Ich bin deshalb der Meinung, daß die Worte der Gospa so zu verstehen sind, daß alle ihre Erscheinungen, die noch heute in der Welt geschehen, zusammen mit den Erscheinungen in Medjugorje wirklich die letzten sind, und es keine Erscheinung von ihr mehr geben wird. Die ganze Art und Weise, wie die Gospa in Medjugorje kommt, spricht für diese Annahme.

Noch einige Berichte aus Medjugorje

Seit Anfang Juni 1982 wurde in Medjugorje eine kleine Änderung im Abendprogramm eingeführt:

Um 17.30 Uhr beten die Seher mit einem Priester in der Kirche den Rosenkranz vor. Gleich nachdem dieser beendet ist, gehen die Seher in die Kapelle, wo sie ihre gewöhnliche Begegnung mit der Gospa erleben. Außer ihnen kommt meistens noch jemand von den Priestern und den Ordensschwestern, aber sonst kaum jemand dazu. Viele möchten dabei sein, die Kapelle aber ist sehr klein, so war es darin immer sehr gedrängt. Deshalb läßt man kaum noch jemanden hinein. Während der Erscheinung betet oder singt man in der Kirche die Lauretanische Litanei, und dann noch ein oder mehrere Lieder zu Ehren der Gottesmutter. Gleich nachher beginnt die heilige Messe, um 18.00 Uhr oder ein paar Minuten später.

*

Es gab auch einige Änderungen in der Pfarrseelsorge von Medjugorje:

Im Frühjahr 1982 kam Fra Slavko Barbarić, der gut deutsch spricht, nach Medjugorje. Fra Zrinko Čuvalo, noch zur Zeit des Fra Jozo Zovko Kaplan, später stellvertretender Pfarrer, ging im August 1982 in eine andere Pfarrei. Als Ersatz kam ein neuer Priester, Fra Tomislav Pervan, der gleich als neuer Ortspfarrer mit allen Rech-

Die Seher während einer Erscheinung der Gottesmutter
(Vicka, Jakov, Ivanka, Marija und Ivan)

Die sechs Seher während einer Erscheinung in der Kapelle

ten eingesetzt wurde. Als Kaplan steht ihm Fra Tomislav Vlašić zur Seite. Dieser kam am 18.8.81 nach Medjugorje, einen Tag nach der Verhaftung von Pfarrer Zovko.

*

Am zweiten Sonntag im September feiert die Pfarrei Medjugorje das »Fest des Heiligen Kreuzes«. Seit dem Sommer 1981 war es von den Behörden verboten, auf den Berg Križevac zu gehen, doch an diesem Tag wurde es im Jahre 1981 ausnahmsweise gestattet. Unter dem großen Steinkreuz feierte man die heilige Messe. Es war viel Volk da. Die Priester schätzten etwa 30.000 Menschen; einige sagten, daß es bis zu 50.000 waren. Die Kinder haben die Gospa gefragt, wieviele es waren. Die Antwort: 62.000. Die Franziskaner in Medjugorje sagten, es könnten vielleicht zusammen mit denen, die zur Abendmesse in die Pfarrkirche gekommen sind, soviele sein.

*

Noch vor dem 13. Dezember 1981, also bevor der Kriegszustand in Polen erklärt wurde, fragte jemand die Gospa: „Was wird mit Polen?“ — Die Antwort war: „Es wird sehr schwer sein, aber ohne Blutvergießen.“

*

In der Nacht vom 7. auf den 8. Mai 1982 wurde in die Kirche in Medjugorje eingebrochen. Die Einbrecher kamen durch die Fenster der Kapelle und durch die Gitter. Sie brachen die Tabernakeltüre auf und nahmen alle drei Ziborien mit den konsekrierten Hostien mit. Draußen unter dem Fenster streuten sie dann die Hostien aus zwei Ziborien auf die Erde. Als sie sahen, daß die Ziborien nicht aus Gold sind, wie sie gehofft, warfen sie diese weg. Das dritte Ziborium warfen sie dann gleich samt den Hostien weg. Dann brachen sie noch den Opferstock unter der Statue der Gottesmutter und den Geldstock von den Zeitschriften auf und entnahmen das Geld, das darin lag.

*

Noch immer erscheinen hin und wieder die Zeichen am Berg Križevac: Ein weißes Licht verbirgt das Kreuz, und an seiner Stelle wird die Gestalt der Gospa sichtbar, oder das Kreuz dreht sich, daß es auf alle Seiten sichtbar wird. Das geschah z.B. so in der Früh von 6.00 bis 7.30 Uhr am 25. und 26. Juni 1982 und früher am Herz-Jesu-Fest und Herz-Mariä-Fest. Am Herz-Jesu-Fest (18.6.82) haben einige Pilger auch gesehen, wie das weiße Licht das Kreuz verdeckt hat, und an seiner Stelle wurde eine große weiße Hostie sichtbar. Über der Hostie war ein leuchtendes Kreuz.

Die apokalyptische Endzeit

Alles, was ich in Medjugorje gesehen und erlebt habe, hat mich noch mehr in meiner Überzeugung bestärkt, daß die Gospa nun ihre Großoffensive begonnen hat — zur Bekehrung der Menschen und für das Heil der Welt.

Die Gospa will offensichtlich alle unsere Vorstellungen erweitern, die wir auf Grund der bisherigen Erfahrungen über ihre Erscheinungen uns gemacht haben. Als möchte sie uns zeigen, daß alle vorausgegangenen Erscheinungen wie Lourdes, Fatima und andere nur eine Vorbereitung zu all dem waren, was erst jetzt kommen soll in der heutigen Welt. Wenn wir die Zeit ausschließen, als Jesus sichtbar auf dieser Welt weilte, können wir sagen, daß noch nie, auch in der Zeit der wunderbarsten Eingriffe Gottes im Alten Testament, der Himmel uns so nahe gekommen ist, wie es jetzt der Fall ist.

Wir leben in einer apokalyptischen Zeit. Ein Schwert der furchtbarsten Drohungen hängt über der ganzen Menschheit. Wer die Augen offen hat, weiß, daß die ganze Menschheit durch einen Atomkrieg oder andere atomare Gefahren, vernichtet werden kann. Eine weitere, sehr große Gefahr, ist die Immunschwäche Aids, die furchtbare Krankheit, die sich bereits auf der ganzen Welt bei allen Völkern ausgebreitet hat.

Die Menschheit ist so tief in Unglauben und Unsittlichkeit versunken, wie wahrscheinlich noch nie in der Geschichte. Nicht nur, daß der Glaube aus dem öffentlichen Leben ganz verschwunden ist, sondern der Unglaube hat sich sogar in die Kirche eingeschlichen. Tausende von Priestern und Ordensleuten sind ihren Versprechen und Gelübden untreu geworden. Auch viele, die es nicht öffentlich getan haben, führen ein Leben, das in einem schweren Mißklang zu ihrem Beruf und Stand steht.

Wenn es so weiterginge, würde die Hölle über die Kirche Christi siegen. Das wird aber, den Worten Christi gemäß, nie geschehen. Nachdem alle anderen Mittel erschöpft sind und nicht geholfen haben, schickt Gott uns seine Mutter. Sie, die Königin und Herrscherin des Himmels und der Engel, aber auch der ganzen Welt und aller Menschen, unsere Mutter, die »Mutter der Kirche«, soll alle Kräfte Gottes im Himmel und auf der Erde in Bewegung setzen, um mit Satan abzurechnen, ihm den Kopf zu zertreten und von ihm all das zurückzuerobern, was ihm zu erobern bereits gelungen ist, um uns auf diese Weise von all dem Unheil zu bewahren, das uns als Strafe für unsere Sünden und unseren Unglauben droht.

Die Gospa ist auch gekommen, um auf der Erde das Reich des Heiligen Geistes vorzubereiten und aufzurichten, wobei am Ende ihr Unbeflecktes Herz triumphieren wird, wie sie es in Fatima vorausgesagt hat.

Wir haben keine andere Wahl: Entweder werden wir ihr gehorchen und in die Reihen ihrer Streiter treten, und alle unsere Kräfte in ihren Dienst zur Verbreitung der Botschaften und der Bekehrung der Welt einsetzen, vor allem mit unserem Gebet und unserer Buße, oder wir werden auf die andere Seite gelangen und das Schicksal der Gottesfeinde und der Feinde der Gospa erleben. Wie dieses in der Ewigkeit sein wird, ist uns bekannt. Und wie es auf dieser Erde sein wird, das wissen wir auch: In Fatima hat die Gospa klar gesagt, daß mehrere Völker vernichtet werden, wenn die Menschheit sich nicht bekehrt.

Das kroatische Volk erlebt jetzt vielleicht in seiner ganzen Geschichte die Tage der größten Gnaden und seine größte Chance, die ihm die Gospa in Medjugorje gibt. Mit ihm aber auch die anderen Völker, ganz Europa und die ganze Welt. — Wollen wir doch diese Gnaden gut ausnützen, bevor es zu spät ist!

Unsere liebe Gospa, du »Königin des Friedens«, erbitte uns allen so große Kraft und Gottes Gnade, daß wir ihr nicht widerstehen können und das tun, was du von uns in deiner Botschaft verlangst, und daß durch uns auch die anderen Menschen die Gnade des Heiles bekommen!

Die Botschaft verbreiten!

Die Erscheinungen gehen weiter. Die Königin des Himmels kommt täglich auf unsere jammervolle Erde. Sie kommt als Mutter zu ihren Kindern. Wie lange dies noch andauern wird, wissen wir nicht. Aus der ganzen Art, wie sie erscheint, spüren wir deutlich, daß sie keine Mühe scheut, einen jeden einzelnen Menschen zu bekehren und zu ihrem Sohne zurückzuführen. Sie zeigt sich vor allem als liebevolle Mutter und will unsere Zuneigung gewinnen. Dies schließt natürlich unsererseits die moralische Verpflichtung mit ein, nicht abseits zu stehen, sondern das einmalig große Gnadenangebot anzunehmen und den Bitten um Bekehrung und Buße zu entsprechen.

Ein deutscher Priester, Dr. Heribert Mühlen, Professor für Dogmatik an der Theologischen Fakultät in Paderborn, der zuständig ist für die charismatische Bewegung in Deutschland, hielt vor einigen Jahren einen Vortrag in Zagreb. Dabei sagte er zu den anwesenden kroatischen Priestern und anderen Personen: „*Gott bereitet in eurer Heimat große Dinge vor, die sehr stark in das Schicksal von ganz Europa eingreifen werden!*" (Ich zitiere aus dem Gedächtnis, wie es mir ein Zuhörer erzählte.) War er wirklich ein Prophet?

Meine Frage, die ich über die Seherin Vicka an die Gospa gerichtet habe, lautete: „Soll ich das begonnene Werk weitermachen, oder nicht?" (Ich dachte an meine schriftlichen Arbeiten über Medjugorje und an die Verbreitung der Botschaft der Gospa von Medjugorje.) Die Antwort hieß: „*Weitermachen!*" So bin ich jetzt in meiner Entschlossenheit noch mehr bestärkt, diesen Auftrag der Gospa weiterzuführen und alles zu tun, was in meiner Macht liegt, ihre Botschaft zu verbreiten.

Mit fester Überzeugung und mit Vertrauen arbeite ich weiter, und ich bin zuversichtlich, daß sie mir die Kraft geben wird darin auszuharren, auch dann, wenn Kritik von rechts und links kommt, womit ich bestimmt rechnen muß. Das alles — und so lange, wie sie mich in ihrem Dienst haben will.

Obwohl es manch einem kühn, vielleicht gewagt erscheinen möchte, wage ich abschließend zwei Dinge auszusprechen:

Noch nie in der Geschichte der Menschheit, nachdem der Sohn Gottes in Menschengestalt durch dieses Tränental geschritten ist, auch nicht durch die ganze Geschichte der unzähligen und großen Mystiker, kam der Himmel so nah, so menschlich nah zu den Menschen, nah nicht nur zu den Sehern, sondern auch zu einem jeden von uns und dem ganzen Volk, der ganzen Menschheit, wie jetzt in unserer Zeit.

Und: Es ist ganz sicher, daß keiner von uns die Größe, die Tragweite und die Bedeutung ahnt, und die Kraft des Werkes, das Gottes Barmherzigkeit durch das Kommen der Gospa in Medjugorje begonnen hat. Ich bin tief überzeugt, daß die Gospa in den trockenen, wasserlosen Karst der Herzegowina herabgekommen ist, der trotz allem — und auch in dieser unserer Zeit des allgemeinen Abfalls von Gott und der Kirche — doch in seinem größten Teil eine Oase geblieben ist, eine Oase des Glaubens in dieser Wüste des modernen Unglaubens und des verwässerten, armgewordenen, modernistischen Christentums, das seiner größten Werte beraubt ist, um von dort die Ströme des allgemeinen Wiedererwachens fließen zu lassen, die die Herzegowina, wie auch unser ganzes Vaterland, ja die ganze Welt, sehr bald, wie ich glaube, in ein üppiges und blühendes Reich Gottes umwandeln wird, wo schlußendlich alle noch nicht in Erfüllung gegangenen biblischen Prophezeiungen über das messianische Reich Jesu Christi und die Prophezeiungen der Gottesmutter in Fatima, daß ihr Unbeflecktes Herz triumphieren wird, endlich verwirklicht werden.

Die Gospa hat in Medjugorje wohl zu ihrem entscheidenden Endkampf angesetzt, der schon von Paris — Wundertätige Medaille 1830, La Salette 1846, Lourdes 1858, Fatima 1917, und so vielen anderen Orten ihrer Erscheinungen, besonders nach dem letzten Weltkrieg, so lange Zeit vorbereitet und angemeldet wurde, um unser Vaterland und auch die ganze Welt für Christus zu erobern. Dafür sei ihr von ganzem Herzen Dank gesagt!

Alles beruht auf Offenbarungen und Erscheinungen

Die Offenbarung Gottes, die die Kirche uns vorlegt und die wir mit unserem Glauben annehmen, spricht vom lebendigen Gott, der uns mehr ist wie ein guter Vater, und der sehr viel Interesse an seinen Kindern hat. Diese Offenbarung Gottes wurde uns überwiegend über Visionen und Erscheinungen gegeben. Alle direkten Kontakte zwischen Gott und der Menschheit im Alten Testament waren von dieser Art. Auch das Neue Testament berichtet in Fülle davon. Allein in Jesus Christus, dem Gottmenschen, sprach Gott zu den Menschen in menschlicher Gestalt. Auch seine Geburt war durch eine Erscheinung angekündigt worden. Nach der Auferstehung erschien er wieder seinen Jüngern, auch nach seiner Himmelfahrt, denken wir z.B. nur an die Bekehrung des heiligen Apostels Paulus.

Deshalb anerkennt die Kirche grundsätzlich die Möglichkeit einer Erscheinung, die die Gläubigen zu allem ermuntert, was Gott durch die Offenbarung zu den Menschen gesprochen hat. Während ihrer fast zweitausendjährigen Geschichte hat die Kirche viele solche Offenbarungen als Gottes Werk anerkannt und ihren Gläubigen empfohlen. Sie werden als »private Erscheinungen« bezeichnet, zum Unterschied zu den offiziellen und für alle verpflichtenden Offenbarung, die mit dem Tode des letzten Apostels beendet ist. Viele große Bewegungen in der Kirche, viele Andachten, ja sogar einige Feste (Fronleichnam, Herz-Jesu-Fest) wurden durch Anregung solcher Privatoffenbarungen eingeführt.

Die Kirche hat immer das Recht und die Pflicht gehabt, solche private Offenbarungen zu untersuchen und über sie ein Urteil zu fällen, das sie dann den Gläubigen vorlegt. Auch hier wird — aber frühestens, wenn die Erscheinungen abgeschlossen sind — die Kirche ihr offizielles Wort dazu sagen, das wir im voraus annehmen und uns ihm unterwerfen. Solange aber die Kirche das nicht tut, bemühen wir uns, mit Hilfe der Kriterien Christi („an ihren Früchten werdet ihr sie erkennen") unser Urteil zu bilden und die Gnaden auszunützen, die uns Gott hier so reichlich gibt.

Das Kernthema der Bibel ist die Bekehrung zum lebendigen Gott, die durch Buße und Gebet eingeleitet wird. Jesus hat die Apostel ausgesandt, um allen Völkern das Evangelium zu verkünden. Die Kirche setzt dieses Werk Christi fort. Dies zu vollbringen, ist das Ideal eines guten Priesters, und er wird keine Mühe und kein Opfer scheuen, um es zu verwirklichen. Die Seher von Medjugorje schalten sich ganz in diese Sendung ein — sie fordern auf zur Bekehrung, zu Versöhnung und Vergebung, zu Gebet und Buße.

Es gab schon genug Zeichen, die denen als Beweis für die Echtheit der Erscheinungen dienen sollten, die anderem nicht glauben wollen. Solche Zeichen haben viele gesehen, viele haben deshalb geglaubt und sich bekehrt. Die Gospa hat ein großes Zeichen versprochen, das erst noch kommen soll, und das wir geduldig abwarten. Die Geheimnisse, die die Gospa den Sehern anvertraut hat, sind auch nichts Neues in der Geschichte der Erscheinungen der Mutter Gottes der neueren Zeit. (In Fatima teilte die Gottesmutter den Seherkindern drei Geheimnisse mit, von denen bisher erst zwei veröffentlicht wurden.)

Zum Unterschied zu anderen Erscheinungen der Mutter Gottes der neueren Zeit ist es den Sehern hier nicht gegeben, alle Botschaften wortgetreu im Gedächtnis zu behalten und weiterzugeben. Sie sagen es mit eigenen Worten, entsprechend ihrem Erinnerungsvermögen. Für manche erscheint dies ein Hindernis zum Glauben an die Echtheit, für andere aber ist dies gerade der größte Beweis für die Echtheit, weil Gott die Freiheit des Menschen respektiert. Der Chefredakteur der Zeitung »Glas Koncila«, Živko Kustić, hat, nachdem er zwei Tage in

Medjugorje war, in seinem Bericht an den Bischof von Mostar folgendes geschrieben: ,,Es ist kein Wunder, wenn die Seher über dieselbe Erscheinung nicht gleich sprechen, auch wenn derselbe Seher bei der wiederholten Erzählung nicht ganz dasselbe spricht. Solche Unterschiede geschehen immer, wenn mehrere Zeugen über den gleichen Vorgang berichten, oder wenn derselbe Mensch mehrmals dasselbe Geschehen erzählt. Auf diese Weise sind auch voneinander abweichende Evangelien über dasselbe Ereignis des Heiles entstanden. Auch Jesu Worte sind unterschiedlich zitiert und die Zeitangaben stimmen nicht immer überein.''

Es fehlt den Sehern der theologische Wortschatz, der jene zufriedenstellen würde, die Theologie studiert haben. So können die Seher nicht immer den passenden Ausdruck für die Antwort finden, die die Gospa gegeben hat. Oft schenkten sie den Ausdrücken zu wenig Aufmerksamkeit, mit denen sie die Antwort der Gospa weitergaben, oder setzten als selbstverständlich voraus, daß die Personen, die eine Bitte der Gospa vortrugen, auch ihre Bitte von Gebet und Buße erfüllen. Zum Beispiel erhielt ein Kranker von den Sehern die Antwort: ,,Die Gospa sagt, du wirst geheilt werden.'' Die Antwort der Gospa aber war: ,,Wenn er fest glaubt, betet und fastet, wird er gesund.''

Es sind nicht alle Menschen in gleicher Weise bereit, die Botschaft Gottes und die Offenbarung aufzunehmen. Viele sind ihr gegenüber ganz verschlossen und lehnen sie hartnäckig ab, vor allem dann, wenn sie von ihnen die Bekehrung verlangt. Die Hl. Schrift des Alten und Neuen Testamentes ist voll von solchen Beispielen. Manche Propheten wurden mißhandelt und gesteinigt, der Sohn Gottes selbst wurde gekreuzigt. Solche Geschehnisse sind kein Beweis gegen die Echtheit einer Erscheinung oder Offenbarung, im Gegenteil, sie sind eher ein Beweis dafür, daß sie echt sind. Diese Einstellung geht offensichtlich aus der schuldbeladenen menschlichen Natur hervor, oft steht sie auch unter dem direkten Einfluß Satans. Der Satan aber kämpft nur gegen das, was ihn in seiner Wirksamkeit stört, gegen das Werk Gottes. Wenn die Erscheinungen ein Werk krankhafter menschlicher Phantasie oder der Täuschung irgend eines Menschen, oder sogar des Teufels selbst wären, würde er bestimmt nicht dagegen ankämpfen.

Alle jene, die es ablehnen, das Erscheinen der Mutter Gottes in Medjugorje anzuerkennen und sich dabei beliebiger, unüberlegt aufgestellter Behauptungen bedienen, sollten darüber gründlich nachdenken. Ich bin überzeugt, daß jeder, der ruhig und ohne Vorurteil die Botschaften der Gospa von Medjugorje überdenkt, bald und ohne sichtbare Beweise begreifen wird, daß hier der Geist Gottes am Werk ist. Und wenn er nur ein wenig guten Willen hat, wird er sie mit ganzem Herzen aufnehmen.

* * *

Neue Berichte aus und um Medjugorje

(Eingang: Mai 1983 zur 3. Auflage)

Berichte von Mirjana

In einem Gespräch Ende November 1982 erzählte Mirjana, wie sie ihre Begegnungen mit der Gospa erlebt: Am Anfang wurden sie alle von der Macht und Größe der Anwesenheit der Gospa so sehr ergriffen, daß sie öfters während der Erscheinung ohnmächtig wurden, nicht nur bei der dritten Erscheinung, als Mirjana und Ivanka wegen der Anstrengung beim Laufen für kurze Zeit ohnmächtig wurden. Später gab ihnen die Gospa eine besondere Kraft und Gnade, um ohne Schwierigkeiten die täglichen Begegnungen mit ihr erleben zu können.

Mirjana erzählt weiter: Die Gospa habe ihnen klar gemacht, daß sie in Nazareth eine ganz gewöhnliche und einfache Frau war, und daß sie das ganze menschliche Elend mit allen seinen Problemen erlebt und durchgemacht habe. Deshalb sollen sie immer und jederzeit ganz einfach zu ihr kommen, mit allen Problemen, Schwierigkeiten und Nöten, wie zu ihrer Mutter. Ja sie sei ihnen noch mehr Mutter als ihre leibliche Mutter. Und gerade diese Tatsache, sagt Mirjana, daß sie die Gospa wie ihre Mutter erleben, die ihnen mit ihrer Liebe und Sorge so ganz nahe ist, ermögliche ihnen, daß sie die täglichen Begegnungen mit der himmlischen Königin überhaupt ertragen können.

Eine Ordensschwester, die einen engen Kontakt mit Mirjana pflegt, berichtet:
Die Gospa sagte: „Es ist die Zeit gekommen, wo dem

Teufel gestattet ist, mit voller Macht und Kraft zu wirken. Diese Zeit ist die *Zeit des Teufels.*" Die Tragödie liegt darin, daß der Teufel in die Menschen hineinzieht und sie besitzt, sie furchtbar quält und belästigt und damit ihre Umgebung. Die Gospa sagte, daß in Italien sogar zwei Schwestern eines Klosters besessen seien. Die Seher wissen, wer diese sind und was notwendig ist, sie davon zu befreien. — Nur mit Gebet und Buße kann man dem Teufel Widerstand leisten, und dies sei im Moment der Versuchung zu machen. Das ist sehr wichtig.*

Bevor das versprochene Zeichen in Medjugorje geschieht, sollen drei von den Geheimnissen, die den Sehern anvertraut sind, in Erfüllung gehen. Die Geschehnisse sollen rasch nacheinander folgen, d.h. die Zwischenzeit wird sehr kurz sein. Alle Seher wissen genau das Datum, wann die Geheimnisse in Erfüllung gehen sollen. Alle haben von der Gospa die Erlaubnis bekommen, es zwei oder drei Tage vorher einem Priester zu sagen, den sie selber wählen können. Dieser kann es dann weiter veröffentlichen, aber er muß es nicht tun. Das soll offensichtlich als Beweis dienen, daß die Geschehnisse vorausgesagt worden sind.

Der Teufel wird viel Erfolg haben, viele Menschen werden sich verführen lassen. Doch die »Zeit des Teufels« soll nur bis zum Geschehen des ersten Geheimnisses dauern. Wenn die Geheimnisse in Erfüllung gehen, wird

---

* In der heutigen Zeit werden immer wieder Fälle von Besessenheit bekannt, die z.T. großes öffentl. Interesse erregen. Zum Beispiel der Fall Anneliese Michel, Klingenberg. Die sog. »Sühnebesessenheit« scheint dabei überwiegend zu sein. Siehe die Schrift: Bullinger, »Anneliese Michel und ihre Dämonen«. (Im Miriam-Verlag erhältlich.)

dem Teufel die Kraft und Macht gebrochen werden.*

Wenn das große Zeichen am Berg Crnica geschehen sein wird, werden viele glauben, den Berg hinauf laufen, um Verzeihung flehen und um die Gnade der Vergebung für ihre Sünden bitten. Selig, die nicht sehen und doch glauben ... (Soll dies eine Klage der Gospa über so viele sein, die an ihre Erscheinung, trotz so vieler Beweise, nicht glauben wollen?!)

Die ganze Menschheit wird auf ihren Glauben geprüft, keiner wird verschont bleiben. Man muß gleich am Anfang den Angriff des Teufels erkennen und ihn mit Gebet und Opfer abwehren. Im Kampf gegen den Satan muß man auch viel füreinander beten. Man soll auch einen geweihten Gegenstand auf sich tragen, z.B. eine Medaille, und mit Weihwasser oft das Kreuzzeichen machen. Man soll ohne Angst beten, jedoch mit großem Vertrauen.

Mirjana erzählt, daß sie einmal auch eine Erscheinung des Teufels erlebt hat. Sie wollte gerade zu beten beginnen, um sich auf die Erscheinung der Gospa vorzuberei-

---

* Eine ähnliche Mitteilung findet sich in den Botschaften der »Frau aller Völker« vom 11. Februar 1975, es heißt dort: Nun sah ich ein furchtbares Bild vor meinen Augen. Zu Füßen der »himmlischen Gestalt« sah ich einen großen Drachen liegen. Dann sah ich, daß die Augen aus ihm gerissen wurden. Es wurde sein Maul geöffnet, und ich sah, daß seine großen Zähne aus dem Maul fielen. Das alles lag vor mir auf dem Boden. Ich sah den Drachen sich zusammenkrümmen, dann erschlafft und erschöpft zusammenfallen und niederstürzen. Die Stimme sagte: „Deine Macht ist gebrochen, und deine Kraft hat abgenommen. Dein Hochmut und dein Stolz werden zertreten. Und ihr Mächtigen der Erde, seht hierin euer Vorbild." Dann wartete die Stimme einen Augenblick und sprach: „Seid getrost, Völker, der Herr ist mit euch. Betet das Gebet der Frau aller Völker, und sie wird und darf eure Fürsprecherin sein."

Aus: Die Botschaften der Frau aller Völker, Miriam-Verlag. (J.K.)

ten, da erschien ihr plötzlich der Teufel. Sie wurde von Schrecken erfaßt. Er versprach ihr allerlei, nur solle sie die Gospa verlassen und ihr keinen Glauben mehr schenken, weil sie sie angeblich verführen und ruinieren wolle. Mirjana sagte entschieden: „Nein!" Der Teufel verschwand sogleich, und die Gospa erschien ihr darauf und sagte, daß jeder Mensch geprüft werde, und daß der Teufel einen jeden für sich zu gewinnen suche.

Die Erscheinung am Hl. Abend 1982 in Mirjanas Wohnung in Sarajevo verlief wie gewöhnlich. Nur wenige Personen waren anwesend. Nach der Erscheinung setzte sich Mirjana sehr traurig und ohne Worte nieder. Alle hatten begriffen, daß sich etwas ereignet hatte. Einige Zeit schwiegen alle, dann fragte ihre Mutter: „Was ist los?" Mirjana begann zu weinen und ging aus dem Zimmer. Später kam sie zurück und konnte sagen: „Das jetzt war die vorletzte Erscheinung. Die Gospa kommt noch morgen, nur der Freude des Festes wegen, aber ohne etwas Besonderes zu sagen."

Mirjana bekam an diesem Abend das zehnte und letzte Geheimnis anvertraut. Sein Inhalt sei sehr schwer. Näheres darüber hat sie nicht mitgeteilt. Die Gospa sagte, sie habe ihr nun alles gesagt, was notwendig sei. Sie solle sich nun mutig dem Kampf des Lebens stellen. Mit großem Vertrauen solle sie ihre Aufgaben zu erfüllen suchen. Mit ihrer Hilfe könne sie immer rechnen.

Die Gospa hat ihr noch versprochen, an jedem Geburtstag zu ihr zu kommen, und wenn sie es besonders schwer habe. Sonst aber solle sie im Gebet um Kraft und Hilfe bitten.

Am Weihnachtstag war die Gospa 40 Minuten bei Mirjana, sie beruhigte und ermutigte sie für alles, was kommen wird. — Noch am Heiligen Abend sagte Mirjana: „Dieses Weihnachtsfest ist für mich das traurigste."

Die staatlichen Behörden bereiten Mirjana viele Schwierigkeiten. Sie muß oft zum Verhör. Der Polizei war bekannt, daß Mirjana zu ihrem Geburtstag eine Erscheinung der Gospa versprochen wurde. An ihrem 18. Geburtstag, am 18. März 1983 (in Jugoslawien wird man mit 18 volljährig), mußte sie wieder zur Polizei und wurde bis spät am Abend festgehalten. Sie kam erst ca. 21.30 Uhr nach Hause, und — da wartete die Gospa schon auf sie. Die Erscheinung dauerte diesmal eine Viertelstunde.

Alle, die Mirjana kennen, sagen, daß sie nun in ihrem Charakter und in ihrem inneren Leben viel reifer geworden sei, nachdem die Erscheinungen beendet sind. Die Gospa hat sich als die beste Erzieherin erwiesen.

Am 10. Januar 1983, also 16 Tage nachdem die Erscheinungen für sie beendet wurden, hatte Fra Tomislav Vlašić ein ausführliches Gespräch mit ihr, in dem sie manches von den Erscheinungen, die sie erlebt hatte, noch besser erklärte. Hier nur das Wichtigste aus diesem Gespräch:

In den 18 Monaten, in denen sie Erscheinungen hatte, ist Mirjana mit der Gospa sehr vertraulich geworden. Sie fühlte, daß die Gospa sie wie eine Mutter liebt, und konnte sie allerlei fragen. So fragte sie einmal, wie Gott so »unbarmherzig« sein kann, die Sünder auf ewig in die Hölle zu werfen. Wenn jemand hier auf Erden eine Straftat begeht, kommt er in das Gefängnis, sitzt die Strafe ab und ist dann wieder frei und alles ist wieder in Ordnung. Da sagte die Gospa: „Die Menschen, die in die Hölle kommen, denken über Gott nichts Gutes mehr, sie fluchen nur und lästern und leben sich immer mehr in die Hölle hinein, aus der es kein Entrinnen mehr gibt.“

Auf die Frage über das Fegefeuer sagte die Gospa: „Es gibt dort so etwas wie verschiedene Etagen: einige sind der Hölle sehr nahe, dann geht es stufenweise bis zu denen, die dem Himmel am nächsten sind.“

Entgegen der üblichen Meinung, daß die meisten Seelen das Fegefeuer am Allerseelentag verlassen, sagte sie: „zu Weihnachten“. Es gibt dort Seelen, die sehr viel zu Gott beten, für die aber auf Erden niemand mehr betet. Dann wendet Gott ihnen die Gebete zu, die die anderen auf Erden verrichten. Oder manchmal erlaubt Gott ihnen, sich auf verschiedene Arten bei ihren Verwandten oder Bekannten auf Erden zu melden.

Wieviele Menschen kommen in die Hölle? Die meisten kommen ins Fegefeuer, dann sehr viele in die Hölle, und die wenigsten direkt in den Himmel.

Die Gospa sagte zu Mirjana, daß das Volk heute den Glauben nach dem Leben der Priester beurteilt und, wenn die Priester nicht gut sind, auch nicht an Gott glauben will. Man soll dem Volk erklären: „Man geht in die Kirche, weder um den Priester anzuschauen, noch um auf sein privates Leben zu achten, sondern einzig und allein, um dort zu beten und das Wort Gottes durch den Priester zu hören.“ Das sagte sie deshalb, weil heute so viele wegen der Priester den Glauben verlieren.

Die anvertrauten Geheimnisse:

Mirjana hat kein Geheimnis bekommen, das nur sie persönlich betreffen würde. Ihre Geheimnisse betreffen:
— die Menschheit im allgemeinen, sowie die ganze Welt,

— Jugoslawien,
— noch einige andere Regionen,
— Medjugorje,
— das versprochene große Zeichen, das am Berg der Erscheinung geschehen soll.

Mirjana hat bis jetzt (Mitte April 1983) als die einzige auch das zehnte und letzte Geheimnis bekommen. Nach ihrer Aussage scheint es, daß auch frühere Geheimnisse, die von schrecklichen Ereignissen handeln, in der nahen Zukunft sich erfüllen sollen. Nachdem sie das achte Geheimnis anvertraut bekommen hatte, das das schlimmste der bisherigen war, bat sie die Gospa bei jeder Erscheinung, ob sie nicht eine Milderung von Gott erbitten könnte. Sie sagt, sie hätte die Gospa so oft darum angefleht, daß sie ihr damit schon sozusagen »lästig« geworden sei. Da sagte ihr die Gospa, sie solle möglichst viele suchen, die mit ihr zusammen beten werden. Und sie hat wirklich in Sarajevo viele Gläubige zum Gebet gesammelt. Dann sagte ihr später einmal die Gospa, es sei ihr gelungen, eine Linderung dieses Geheimnisses bei Gott zu erwirken.

Dann kamen das neunte und das zehnte Geheimnis, die noch schrecklicher sind, für die aber keine Linderung mehr zu erhoffen ist. Diese beiden sollen unbedingt geschehen, weil so viele Menschen gottlos leben und nicht gewillt sind, sich zu bekehren.

Die Gospa sagte weiter: Weil man diesem schrecklichen Geschehen nicht mehr entkommen kann, müssen die Menschen sich darauf vorbereiten. Sie sollen jedoch keine Angst und keine Panik zeigen, sondern sich ganz in Gottes Hände ergeben. Alle sollen so leben, daß sie jederzeit, jeden Augenblick, auch ganz plötzlich sterben könnten. Also eine totale Bekehrung und eine totale Hingabe an Gott.

Mirjana möchte zu allen Menschen, genauso wie die Gospa, sagen: Bekehrt euch, solange es noch Zeit ist! Ihr könnt alles verlassen und verlieren, nur Gott und den Glauben auf keinen Fall! Die Priester möchte sie bitten, den Gläubigen dabei zu helfen. Sie sollen sich bemühen, die Menschen in die Kirche und zu Gott zu ziehen.

Die größte Gefahr für die Menschheit ist die Gottlosigkeit. Die Gospa sagte, daß der Glaube an Gott in vielen Ländern sehr abgenommen habe und schwach geworden sei, besonders in Deutschland, der Schweiz und in Österreich, und daß die Menschen dort zu viel auf das private Leben der Priester achten.

Die Gospa hat sich als die »Königin des Friedens« vorgestellt, wegen der großen Spannungen in der heutigen Welt und den vielen Kriegen, die heute geführt werden. Der Friede ist deshalb so wichtig, aber der Friede muß zuerst im Inneren des Menschen beginnen, erst dann und dadurch wird er auch zwischen den Menschen und den Völkern herrschen. Der Friede kommt erst als eine Folge des Glaubens und der Hingabe an Gott, als eine Folge des Gebetes, der Buße, des Fastens. Das, was unbedingt geschehen soll, kommt nur deshalb, weil die Menschheit so schlimm geworden ist.

Die Gospa hat auch vor den falschen Propheten der heutigen Zeit gewarnt. Es gibt viele, die behaupten, die Mutter Gottes und Jesus zu sehen und ihre Worte zu hören, die aber lügen. Das sei auch eine sehr große Sünde, und für solche Leute soll man viel beten.

Am Anfang des Schuljahres, im September 1982, ging der Seher Ivan nicht mehr ins Franziskaner-Knabenseminar nach Visoko, sondern in das Knabenseminar nach Dubrovnik, das die Jesuiten führen, doch blieb er als Franziskanerzögling eingeschrieben. Er machte dort die Nachprüfung in der deutschen Sprache und bestand sie mit Erfolg.

Vicka war im Frühling 1982 krank. Von derselben Krankheit wurde sie im Herbst wieder heimgesucht: Gelenkentzündung (Arthritis). Deshalb ließ sie sich Ende November in einem Krankenhaus in Zagreb untersuchen. Etwas später sagte sie, daß die Ärzte nichts feststellen konnten, und daß es ihr jetzt gut gehe.

Die Franziskaner in Medjugorje erzählen: Im Frühling, als Vicka krank war und zu Bett liegen mußte, weinte Jakov, der zu ihr eine besondere Beziehung hat, einmal deswegen zu Hause, als er gerade allein war. Da erschien ihm unerwartet die Gospa und tröstete ihn auf ihre liebreiche Weise: Sie gab ihm zu verstehen, daß die Leiden notwendig seien wegen der vielen Menschen, besonders in den Großstädten, hier und in der ganzen Welt, die in der Sünde leben, als gäbe es keinen Herrgott, und sich nicht um das Heil ihrer Seele kümmern.

Anfang November 1982 wurden die Dorfbewohner, die als Wachposten unter dem Berg Črnica und an der Stelle der Erscheinung Dienst tun mußten, abberufen, und die Leute im Dorfe sagten, der Zutritt zu der Stelle der Erscheinung sei nun frei. Doch geschah es in den

Weihnachtstagen, daß die Miliz eine größere Gruppe Pilger, die sie am Berg antrafen, mit zwei Lastkraftwagen nach Čitluk brachten. Ähnlich geschah es auch später. Somit ist erwiesen, daß für Pilger jeder Zutritt zu der Stelle der Erscheinung am Berg immer noch verboten ist.

Im April 83 war eine Gruppe Jugendlicher in Medjugorje. Einige von ihnen gingen auf den Berg der Erscheinung. Die Polizei kontrollierte diesen Berg sowie den Kreuzberg mit Ferngläsern und sogar mit Hubschraubern und wartete dann auf die unerwünschten Besucher unten am Berg. So wurden auch diese Jugendlichen gleich nach Čitluk gebracht und dort von Mittag bis 22.00 Uhr aufgehalten. Dabei wurden alle streng verhört, auch wurden alle nur möglichen persönlichen Daten von ihnen und ihren Familienangehörigen aufgenommen, und sie mußten die ganze Zeit in einem Warteraum verbringen, von einem Polizisten bewacht. Die Jugendlichen beteten, ein jeder still für sich. Ein Junge machte dabei ein Kreuzzeichen. Der Polizist meldete dies sogleich dem Polizeichef. Dieser kam, gab dem Jungen mehrere Ohrfeigen und drohte ihm noch mit einem Monat Arrest. Das alles wegen eines Kreuzzeichens, das er im Polizeigebäude zu machen wagte.

Der Zutritt zum Berg der Erscheinung und auf den Kreuzberg ist also noch immer untersagt, obwohl es keine Wachtposten mehr dort gibt und auch keine Verbotszeichen. — Bis jetzt gingen jedes Jahr sehr viele Gläubige am Karfreitag zum Kreuz auf den Križevac, und das schon seit 1933, als das Kreuz errichtet wurde. Im Jahre 1983 aber wurde es untersagt, und an diesem Tag waren überall unten am Berg Wachtposten aufgestellt.

Zu Weihnachten 1982 waren alle Seher in Medjugorje, außer Mirjana, die in Sarajevo wohnt. Am Weihnachtstag erschien ihnen die Gospa mit dem Kind auf den Armen und sagte: „Freuet euch!“ (Außer beim ersten Mal, am 24.6.81, war es das einzige Mal, daß sie mit dem Kind erschienen ist).

Am Silvesterabend fragte Ivan, was für eine Botschaft sie für das neue Jahr geben will, was die Menschen tun sollen. Sie antwortete: „Möglichst viel Gebet und Fasten!“ Nachher, am Abend, war Ivanka im Dorf in einem engeren Kreis, um zusammen mit anderen auf das Neue Jahr zu warten. Genau um Mitternacht erschien dann unerwartet die Gospa und sagte: „Ihr sollt auch weiter im Gebet und Fasten ausharren!“ Und sie wünschte dann noch allen viel Glück im neuen Jahr.

Am Silvesterabend 1982 hat Fra Tomislav Vlašić in der Pfarrkirche in Medjugorje vor der heiligen Messe den Pilgern mitgeteilt, daß alle heiligen Messen, die abends dort gefeiert werden, immer für den Frieden in der Welt dargebracht werden. Niemand kann also diese heilige Messe für sich auf persönliche Intention lesen lassen.

Am 15. August 1982 haben einige Seher ihr achtes Geheimnis anvertraut bekommen, und sie sagten, es sei sehr schlimm. Am 29. November waren alle Seher außer Ivan in Medjugorje. Es war Anfang der Novene vor dem Fest der Unbefleckten Empfängnis. Da wurde allen das neunte Geheimnis bekanntgegeben, dessen Inhalt so schwer ist, daß sie dabei geweint haben.

Im Sommer und Herbst 1982 weilten in Medjugorje zehn verschiedene Fachgelehrte und Ärzte, unter ihnen auch einer, der in Lourdes bei der Untersuchungskommission für wunderbare Heilungen tätig ist. Sie waren zu verschiedenen Zeiten dort, je eine Woche oder noch mehr, um die Geschehnisse zu betrachten und die Seher zu sehen und auszufragen. Sie alle sind unabhängig voneinander zum gleichen Schluß gekommen: Das, was hier geschieht, übersteigt jedes menschliche Begreifen. Man kann es nicht auf natürliche Weise erklären.

Ende November war der Parapsychologe Dr. Ludvik Stopar aus Maribor in Medjugorje. Er wurde dorthin vom Weltcenter für Parapsychologie in London gesandt, um diese Phänomene zu studieren. Um die Glaubwürdigkeit ihrer Aussagen zu prüfen, hypnotisierte er die Seher Marija und Jakov. Aufgrund dessen sagte er, die Kinder sprechen die Wahrheit. Er verfaßte einen Bericht in deutscher und slowenischer Sprache. Seine Ergebnisse sind in allem sehr positiv.

Das Pfarramt Drinovci in der Herzegowina gibt schon seit 15 Jahren zu Ende des Jahres ein »Zbornik« (Sammelband) »Krŝni Zaviĉaj« (Karstheimat) heraus mit verschiedenen Artikeln über die Herzegowina, die dortigen Leute und ihr Leben, und die Kirche. Ende 1981 war in einem Anhang vieles über die Ereignisse in Medjugorje zu lesen. Manches davon habe ich in meine Berichte übernommen. Ende 1982 gab es wieder mehrere wertvolle Artikel: 50 Jahre Kreuz am Kriẑevac; Berichte der Journalisten über Medjugorje; »Geheimnisvolle Begegnungen«, ein Bericht des Fra Tomislav Vlaŝić, der schon früher unter dem Titel »Informationen« bekannt war.

Dann eine sehr gute und sachverständig geschriebene Arbeit ist von Fra Slavko Barbarić, der fünf Monate in Medjugorje Kaplan war: »Die Seher als eine Gruppe, psychologisch-pädagogisch gesehen«. Dann von Fra Tomislav Vlašić: »Geistliches Leben und Pfarrarbeit in Medjugorje«. Er berichtet hier, wie die Pfarrei als Gemeinde weiterlebt und -arbeitet nach diesen ganz besonderen Verhältnissen, die die Erscheinungen, die Menge der Pilger, etc. in Medjugorje geschaffen haben. Und zum Schluß noch ein Bericht von Zarko Ilić: »Die Feier des Hl. Kreuzes« am 12.9.1982 am Berg Križevac.

Zum Neujahrstag 83 wurde in der Pfarrkirche in Medjugorje anstelle der Lourdes-Statue eine neue Statue der Gospa aufgestellt. Sie steht vorne auf der linken Seite neben dem Altar. Die Statue ist eine Darstellung der Gospa mit ausgebreiteten Händen, wie sie den Sehern in Medjugorje erscheint. Die Lourdesstatue bekam ihren neuen Platz in der Kapelle, wo die Erscheinungen stattfinden.

Gegen Ende Januar 1983 ist das erste Buch über Medjugorje auf kroatisch erschienen. Der Verfasser ist ein Franziskanerpater, Dr. Ljudevit Rupčić. Er ist Professor des Biblikums an der Franziskanertheologie in Sarajevo. Er war oft in Medjugorje, konnte vieles selbst sehen, alle Seher ausführlich ausfragen und alle sonstigen Informationen an Ort und Stelle bekommen. Über die Geschehnisse selbst berichtet er eigentlich nur kurz, ohne viele Einzelheiten. Sein Buch ist zum größten Teil eine theologische Auslegung, eine sachkundige Bearbeitung von Erscheinungen, Visionen, Prophezeiungen und Wundern im allgemeinen, mit einem besonderen Hinblick auf die Ereignisse in Medjugorje, die Seher und die Botschaften der Mutter Gottes. Er bringt auch 56 Fälle der wunderbaren Heilungen, die der Gospa in Medjugorje zugeschrieben werden. Seine Auslegung ist sehr wertvoll, besonders weil in der theologischen Literatur kaum etwas Derartiges zu finden ist.*

Obwohl das Buch eine theologische Arbeit ist, kaufen es sehr viele, meist ganz einfache Leute, weil es das einzige Buch ist, das über Medjugorje in der Heimat auf kroatisch gedruckt wurde. Bereits am ersten Sonntag nach Aufliegen des Buches wurden in Medjugorje, ohne irgendeine vorherige Ankündigung, 3000 Exemplare verkauft. Es geschah dabei, daß die gekauften Bücher nachher auf der Straße in Medjugorje den Gläubigen von Polizisten einfach weggenommen wurden, ohne Erklärung und auch ohne irgendeine Bestätigung über die Wegnahme. Das Buch wurde aber legal in einer staatlichen Druckerei in Samobor bei Zagreb gedruckt, und der Autor, der es in eigener Regie drucken ließ, mußte für das Buch 55% vom Preis als Steuer bezahlen. — Es geschah auch oft, daß die Sendung, wenn sie per Post geschickt wurde, nicht beim Empfänger ankam. Inzwischen erscheint das Buch bereits in dritter Auflage.

Anfang März 1983 waren drei amerikanische Fachtheologen und Mariologen in Medjugorje. Sie verfaßten über ihre Erfahrungen einen Bericht, den sie den zuständigen kirchlichen Behörden überreichten. Der Leiter dieser Gruppe war Fr. Michael Scanlan, T.O.R. Direktor der Universität Steubenville, Ohio, USA. Der Bericht ist in den wesentlichen Teilen im Anhang abgedruckt.

Seit dem 14. Januar 1983 erleben vier Seher in Medjugorje etwas ganz besonderes: Die Gospa erzählt ihnen ihr Leben. Wenn die Schilderung beendet ist, dürfen die Se-

* Das Buch ist in deutscher Sprache im Miriam-Verlag erhältlich unter dem Titel: Rupčić, Erscheinungen U.L.Frau zu Medjugorje.

her es veröffentlichen. Soweit mir bekannt ist, war sie Mitte April 1983 damit noch nicht zu Ende. Seither dauern die Erscheinungen länger als früher, bis zu zehn Minuten oder noch mehr, während sie vorher meistens zwei bis drei Minuten dauerten. Seit dieser Zeit nimmt die Gospa auch keine privaten Fragen mehr an und gibt auch keine Antworten auf solche Fragen.

Ivan hat die Erscheinungen in Dubrovnik im Knabenseminar regelmäßig, aber er hat keinen Anteil an diesen Erzählungen über das Leben der Gottesmutter. Einmal, in der Fastenzeit 1983, wurde auch er ins Paradies versetzt, wie seinerzeit im Herbst 1981 Vicka und Jakov. Es dauerte etwa 10 Minuten.

Weil die Seher nur selten alle zusammen sind, bekommen sie nicht immer dasselbe zu hören. Die einen haben über das Leben der Gospa mehr gehört, die anderen weniger. So hat Jakov bis Ende April das ganze Leben erzählt bekommen. Auf die Frage, wie es denn bei den Erscheinungen vor sich gehe, wenn Jakov und die anderen anwesend sind, sagte Vicka: „Den anderen erzählt die Gospa weiter aus ihrem Leben, während Jakov in dieser Zeit etwas anderes hört. Beim Erzählen zeigt die Gospa vieles in Bildern."

Auf die Frage, ob die Gospa auch davon spricht, was sie jetzt im Himmel für die Kirche Christi auf Erden tut, besonders durch ihre Erscheinungen, antwortete Ivanka, sie dürfe darüber nichts sagen. Vicka und Marija haben auf diese Frage nicht klar geantwortet, aber es scheint, daß auch davon die Rede ist. Die beiden sagten, die Lebensbeschreibung der Gottesmutter sei herrlich. Marija ist davon ganz begeistert.

Bis Ende April 1983 hat Jakov neun, die anderen sieben oder acht Geheimnisse anvertraut bekommen. Ivan hat mehrere persönliche Geheimnisse, es ist aber nicht bekannt, ob diese auch in die Zahl zu rechnen sind.

Die Zeichen am Kreuz auf dem Kreuzberg sind immer noch zu sehen, sogar öfters und teilweise auch anders als früher. Es wird berichtet: Das Kreuz verschwand, und an dessen Stelle war die Gestalt der Gospa sichtbar, dann wieder das Kreuz, aber viel größer, als es in Wirklichkeit ist und in einem weiß-gelblichen Licht, während die Querbalken des Kreuzes in regelmäßigen Abständen verschwanden und dann wieder erschienen, als rotiere das Kreuz um die eigene Achse. Manchmal leuchtete das Kreuz in angenehmen Rosalicht. Das Kreuz ist aber noch immer grau wie früher. Auch verschiedene andere Zeichen sind am Kreuz manchmal sichtbar.

Seitdem auch in Jugoslawien die Sommerzeit eingeführt ist, wurde die übliche Tagesordnung in Medjugorje etwas geändert: Die Seher erleben zuerst um 18 Uhr 20 die Erscheinung der Gospa, dann beten sie in der Kirche den Rosenkranz, die Lauretanische Litanei, das Glaubensbekenntnis und 7 Vaterunser usw. vor. Um 19.00 Uhr wird dann die heilige Messe mit einer Predigt gefeiert, dazu kommen nachher noch die Gebete für die Kranken. Außerdem wird jeden Donnerstag in diesem »Jahr der Erlösung« eine Anbetungsstunde vor dem Allerheiligsten, und jeden Freitag eine Stunde der Anbetung vor dem Heiligen Kreuz gehalten.

In der ersten Aprilhäfte 1983 arbeitete Vicka mit einem kleinen Traktor auf dem Feld, um die Erde für die Tabakpflanzen vorzubereiten. Dabei passierte ein kleiner

Unfall und sie verletzte sich mit dem Traktor das Bein. Die Wunde war ziemlich tief, so mußte Vicka drei Wochen im Bett bleiben und konnte auch nicht zur Kirche gehen. Sie hat die ganze Zeit hindurch die Erscheinungen zu Hause erlebt.

Die Zahl der Pilger wurde seit März 1983 in Medjugorje viel größer, als sie vor einem Jahr war, besonders über das Wochenende. So geschah es noch im März, daß am Samstag und Sonntagabend wenigstens doppelt so viele Menschen draußen waren als in der gedrängt vollen Kirche, die doch ca. 3000 Menschen fassen kann. Alle, die draußen bleiben müssen, können durch die Lautsprecher das Geschehen in der Kirche mitverfolgen.

Es ist überraschend, welche Ordnung und Ruhe dabei herrscht. Ein jeder ist mit seinem eigenen Gebet beschäftigt. Man spürt dabei direkt die Anwesenheit der Gospa. 25 Priester hörten die Beichten, alle im Freien, obgleich es zu dieser Zeit noch kalt war, und mußten dabei gewöhnlich vier bis fünf Stunden ausharren. Alle Beichtenden warteten ruhig und geduldig, bis sie an die Reihe kamen. Wer die Verhältnisse in anderen kroatischen Pilgerzentren kennt, besonders in Marija Bistrica, das bis Medjugorje das größte in kroatischen Gebieten war, der muß darüber wirklich staunen. Die Beichtväter berichten, daß die allgemeine Stimmung beim Beichten geradezu wunderbar ist; es geschehen immer noch große und sehr viele Bekehrungen. Eine große Anzahl Pilger kommt noch immer zu Fuß, auch aus größeren Entfernungen. Im März 1983 ist eine Gruppe jugendlicher Pilger 60 km barfuß gelaufen, trotz der Kälte. Auch ist es staunenswert, wie viele Pilger mit eigenen Autos aus weit entfernten Gebieten kommen, obwohl in Jugoslawien der Treibstoff noch immer rationiert ist. Man bekommt für jedes Auto nur Bons für 40 Liter pro Monat. — Busse haben oft Schwierigkeiten, den Dieseltreibstoff an den Tankstellen zu bekommen, denn es gibt oft keinen für sie. Und so viele Busse kommen dennoch, trotz Schwierigkeiten, trotz Kontrollen, manchmal mit Verspätung und bringen die Pilger wieder nach Hause. Manche nehmen in Kanistern den Treibstoff mit. Ausländische Busse haben gewöhnlich diese Schwierigkeiten nicht.

Der ehemalige Pfarrer von Medjugorje, Fra Jozo Zovko, wurde am 17. Februar 1983 wieder frei, genau 18 Monate nach seiner Verhaftung. Er hat seine Strafe bis zum letzten Tag abgesessen. Einige meinen, man hätte ihn auch früher aus dem Gefängnis entlassen, wenn er sich darum bemüht hätte, aber er wollte nicht um Begnadigung bitten. Nach der Entlassung war er dann die meiste Zeit in Medjugorje, bis ihm Mitte April 1983 die neue Pfarrstelle zugewiesen wurde, die Pfarrei Gorica bei Imotski, etwa 60 km von Medjugorje entfernt. Über das, was er ausgestanden hat, spricht er nicht. Man sieht ihm aber an, besonders wenn er predigt oder auch sonst über die Gospa spricht, daß er in seinem Inneren eine sehr gute aber gewiß auch sehr harte Schule durchgemacht hat.

Im Januar besuchte eine Filmequipe aus Dallas in den USA Medjugorje. Sie mußte längere Zeit warten, bis die Genehmigung von den staatlichen Behörden erteilt wurde, zu filmen. Es ist dann doch gelungen, in ungefähr sieben Aufnahmestunden sehr viel Material über die Geschehnisse zu sammeln.

Neue Erscheinungen der Gospa in Medjugorje

Außer den sogenannten Parallel-Erscheinungen in Izbiĉno und anderswo in der Herzegowina, haben wir neuerdings auch Parallel-Erscheinungen in Medjugorje selbst. Diese sind ganz unabhängig von den Erscheinungen, die die bekannten sechs Seher erleben. Diese Erscheinungen sind aber anderer Art. Die Gospa wollte damit offensichtlich zeigen, daß jeder Einfluß der bisherigen Seher auf die neuen Seher ausgeschlossen ist.

Jelena Vasilj ist ein Mädchen von etwa elf Jahren. Sie ist unten am Berg Kriẑevac geboren, wohnt in Medjugorje und besucht dort die 5. Volksschulklasse. Sie ist eine sehr gute Schülerin und hat noch vier Geschwister. Während des Schulunterrichts am 15.12.82 hörte sie zum ersten Mal eine innere Stimme, die zu ihr sprach. Sie wurde durch diese Stimme verwirrt, weil es offensichtlich keine Stimme von außen war, und noch mehr wurde sie verwirrt, als sie diese Stimme auch später hörte. Sie vertraute sich ihrem Vater an, der sie zu beruhigen suchte und dann um Rat und Hilfe bei Fra Tomislav Vlaŝić anfragte.

Dieser besuchte Jelena in ihrem Hause, sprach mit ihr und betete den Exorzismus über sie, um jeden eventuellen Einfluß des bösen Geistes auszuschließen. Jelena zeigte dabei keine Reaktion, durch die man auf einen solchen Einfluß hätte schließen können. Acht Tage später, am 23. Dezember, sah Jelena zum ersten Mal den Engel, der ihr sagte, er sei von Gott. Er sprach zu ihr und belehrte sie in Dingen ihres persönlichen geistlichen Lebens. Am 29. Dezember 82 sah Jelena zum ersten Mal die

Gospa, und seitdem schaute sie die Gospa jeden Tag, außer an fünfzehn Tagen im Januar. Manchmal erscheint ihr auch Jesus mit seiner Mutter. Sie sprechen mit ihr über vieles, was nur ihr persönliches geistliches Leben betrifft, aber auch über andere Dinge. Jesus und Maria geben durch Jelena Botschaften an die Kirche und für die ganze Welt.

Jelena war sich am Anfang nicht bewußt, daß sie die Erscheinungen mit geschlossenen Augen erlebte. Später erklärte ihr die Gospa, daß die anderen Seher sie mit ihren Augen, gleichsam von außen sehen, und mit ihren Ohren hören, sie können sie sogar anfassen. Jelena ist dies aber nicht gegeben: sie schaut die Gospa in ihrem Innern, sie hört auch die Stimme der Gospa oder des Engels in ihrem Innern. Sie muß sich für dieses »Schauen« besonders tief sammeln und in dieser Sammlung oft auch längere Zeit beten, bevor sie die Gospa sehen darf. Einmal erlebte sie, daß sie die Gospa nicht klar sehen konnte. Das Hindernis war, daß sie nicht die notwendige innere Sammlung hatte. Erst als sie sich ganz gesammelt und tief ins Gebet versenkt hatte, konnte sie die Gospa klar sehen.

Im Januar 83 kam die Gospa fünfzehn Tage nicht zu ihr. Jelena begann sich nämlich einzubilden, sie sei etwas mehr als die andern, weil sie die Gospa schauen dürfe. Erst als sie wieder zu einer demütigen Einstellung zurückgekehrt war und erkannt hatte, was ihr Fehler war, kam die Gospa wieder zu ihr. Sie sagte ihr dann, sie soll diesen ihren Fehler beichten.

* * *

Durch Jelena kamen ganz besonders betonte Botschaften von Jesus und Maria. Jelena sagte am 24.4.83, die Gottesmutter sei in den letzten Tagen traurig gewesen, weil es so viele und große Sünder gibt. Sie rufe daher zur Bekehrung auf. Es wird zu spät sein, wenn das angekündigte Zeichen kommt. Vor dem Zeichen werden einige Ermahnungen gegeben. Die Gospa bittet, daß wir uns mit unserer Bekehrung beeilen. Sie betont, daß sie von uns viel Gebet und Buße braucht.

Während Jelena dieses sprach, hielt sie auf einmal inne und sagte weiter: „Gerade habe ich sie gehört, sie sagte: Wir sollen es der Welt kundmachen: Sie wünscht, weil ihr Herz so sehr nach uns brennt: unsere Bekehrung. Die Fragen sind nicht wichtig. (Das betrifft diejenigen, die durch die Seher Fragen an die Gospa stellen.) Nur die Bekehrung! Macht es möglichst bald kund! Sagt einem jeden, daß ich es wünsche und daß ich nur davon spreche: Die Bekehrung, nur die Bekehrung! ..."

Dann fragte Pater Vlašić: „Hat sie dir gesagt, daß du diese Botschaft dem Papst sagen sollst?" — Jelena antwortete: „Allen, allen meinen Kindern, allen meinen Söhnen, — allen sollen wir es sagen." Der Pater bat sie dann, sich zu sammeln, zu beten und die Gospa zu bitten, ihr die Botschaft zu diktieren, um sie dann leichter an den Bischof und die anderen weitergeben zu können. Jelena sammelte sich, betete zusammen mit dem Pater und begann dann langsam, einer inneren Stimme zuhörend zu sprechen:

Jelena Vasilj vor der Kirche

Beichthören hinter der Kirche, weil die Kirche überfüllt ist

„Das Wort, das ich an die ganze Welt richten möchte, ist nur »Bekehrung«! Das sage ich euch und ihr sollt es allen sagen: Ich verlange nur die Bekehrung. Es ist mir nicht zu viel, daß ich euretwegen leide, ja, ich werde für euch leiden, aber ich bitte euch: Bekehret euch! Ich werde meinen Sohn bitten, euch nicht zu bestrafen, nur bekehret euch!

Ihr wißt nichts über die Pläne Gottes, und werdet es weder wissen noch erahnen, was Gott schicken oder tun wird. Nur darum bitte ich, daß ihr euch bekehrt. Das ist mein Wunsch: Bekehret euch! Seid bereit für alles, was kommt, aber das wichtigste ist: Bekehret euch!

Das ist alles, was ich euch zu sagen wünsche. Entsaget allem, denn das alles gehört zu der Bekehrung. Zbogom (Mit Gott!) und bleibt im Frieden!“

Die Gospa verlangt durch Jelena wiederholt das Fasten und nicht nur am Freitag, sondern auch bei anderen Gelegenheiten. Sie betont dabei, daß es nicht genügt, nur zu fasten, sondern wir sollen uns gleichzeitig unsere schlechten Gewohnheiten abgewöhnen. Sie betont, daß das Fasten keinen Wert hat, wenn wir gleichzeitig streiten oder in anderen Dingen sündigen. Von den schlechten Gewohnheiten betont sie besonders das Fernsehen, Rauchen, unmäßigen Kaffeegenuß, Alkohol.

Sie verlangt auch von den Gläubigen, sogar von den Kindern, daß sie sich vor der heiligen Messe etwa eine halbe Stunde sammeln und innerlich darauf vorbereiten, „weil die heilige Messe das unblutige Versöhnungsopfer mit Gott ist, das der Priester im Namen und Auftrag Jesu Christi darbringt“.

Während ich an Medjugorje und an die anderen Erscheinungen der Gospa in der Herzegowina denke, und dann wieder an die neuen Erscheinungen in Medjugorje, kommen mir unwillkürlich die Worte des Propheten Joel in den Sinn, die der hl. Apostel Petrus in seiner ersten Predigt am Pfingsttag, gleich nach der Ankunft des Heiligen Geistes, zitiert:

In der Endzeit, spricht Gott,
werde ich ausgießen meinen Geist über alles Fleisch.
Dann werden eure Söhne und Töchter weissagen,
eure Jünglinge Gesichte schauen
und eure Greise Traumgesichte haben.
Selbst über meine Knechte und Mägde
werde ich ausgießen meinen Geist in jenen Tagen,
und sie werden weissagen.

Wunderzeichen will ich erscheinen lassen
am Himmel oben und auf der Erde unten:
Blut und Feuer und Rauchsäulen.
Die Sonne wird sich in Finsternis wandeln
und der Mond in Blut,
ehe anbricht der Tag des Herrn,
der große und furchtbare Tag.
Doch jeder, der anruft den Namen des Herrn,
wird gerettet.

Joel 3, 1-4; Apg 2, 17-21

Und in diesen letzten Tagen müssen diese Worte in Erfüllung gehen. Ich bin überzeugt, daß sie hier wirklich erfüllt werden, und daß das alles hier in Medjugorje nur eine Einführung in noch größere Ereignisse ist, die auf uns in nächster Zukunft warten.

Neue Sehergruppe in Medjugorje

Neben Jelena Vasilj, der neuen Seherin in Medjugorje, gibt es seit dem Karfreitag 1983 eine neue Sehergruppe in Medjugorje: die Nachbarin und Schulkollegin aus der gleichen Klasse ihrer Schule, Marijana Vasilj, auch gleichaltrig. Es war noch ein Mädchen bei ihnen, das nicht regelmäßig kam, und die Erscheinungen hörten für sie auf.

Marijana hat Erscheinungen auf dieselbe Weise wie Jelena, d.h. die innere Schau. Sie schaut nur die Gospa, spricht aber nicht mit ihr. Nur Jelena kann mit der Gospa sprechen, ihr etwas sagen, und nur sie hört ihre Stimme. Sie erleben die Erscheinung meistens während des Gebetes in den Nachmittagsstunden in Jelenas Haus. Diese Gebetsstunde halten die Mädchen zu der Zeit, die ihnen am besten paßt. Sie verabreden sich, wann sie zusammenkommen können. Dazu kommen meist noch Angehörige aus Jelenas Familie, oder Leute aus dem Dorf, aber immer nur wenige.

Jelena und Marijana erleben aber auch manchmal die Erscheinung an einer bestimmten Stelle draußen im Freien. Jelena sagt, da hört sie die Stimme der Gospa am besten. Gewöhnlich sagt ihnen die Gospa bei der Erscheinung, daß sie am Abend in die Kirche kommen sollen, um ihren Segen zu empfangen. Deshalb finden sich die beiden Mädchen noch abends in der Kirche ein, wenn die meisten Leute schon aus der Kirche gegangen sind. Da erscheint ihnen die Gospa wieder, doch nur ganz kurz. Andere Personen, die dabei sind, sehen von alledem gar nichts und können überhaupt nicht wissen, ob die Erscheinung geschehen ist oder nicht. Darin unterscheiden sie sich auch von den Sehern der ersten Gruppe.

Jelena macht einen ganz besonderen Eindruck. Sie ist ein echtes Kind, wie auch alle ihre Kolleginnen. Aber man sieht an ihr die Wirkung der Gnade. Man muß geradezu sagen, daß sie mit dem Geiste Gottes erfüllt ist, der sie, so scheint es, schon viel früher für diese Aufgabe vorbereitet hat, für die die Gospa sie nach dem Willen Gottes erwählte.

Ein Knabe aus der Nachbarschaft erzählte einem Priester im Hof von Jelenas Haus, daß Jelena einmal, noch bevor für sie die Erscheinungen begonnen hatten, allein und auf den Knien den ganzen Weg von ihrem Haus (unmittelbar unter dem Berg mit dem Kreuz am Gipfel) zum Kreuz hinauf gegangen ist. Und auch jetzt pilgert Jelena oft zum Kreuz auf den Berg und geht, wiederum kniend, um das Kreuz herum, sodaß sie dann mit zerschundenen und blutenden Knien zurückkommt.

Während der Gebetsstunde am Nachmittag betet Jelena gewöhnlich den Rosenkranz vor und gibt einem jeden Gesetzchen eine besondere Meinung, so wie es auch die Franziskaner in der Kirche tun. Diese Meinungen verraten eine außergewöhnliche Tiefe ihres eigenen innerlichen Lebens und ihr Verständnis für die Bedürfnisse der Kirche und der Welt. Die Mädchen singen auch während dieser Stunde. Ein Mädchen liest dann aus der Bibel (illustrierte Ausgabe für Jugendliche) einen größeren Abschnitt vor. Nach der Lesung folgt zuerst eine kurze Zeit des Schweigens, danach spricht Jelena mit leiser Stimme eine Meditation darüber und bringt dazu noch ihre eigenen Gedanken. Interessant, daß sie immer die aktuellsten

Themen wählt und Gedanken findet, um die sie auch manche Priester und Theologieprofessoren beneiden müßten. Diese Gedanken sind offensichtlich nicht ihre eigenen Gedanken, sondern von oben eingegeben, vielleicht in diesem Augenblick, oder noch mehr während ihrer Gespräche mit der Gospa bei der Erscheinung.

Ein Priester hat den Wunsch geäußert, Jelena möge ihm etwas zum Andenken aufschreiben. Jelena wehrte sich dagegen und lief dreimal aus dem Hof, in dem das Gespräch geführt wurde. Zum Schluß tat sie es doch, aber erst als ihr Vater sagte: „Tue es!“ Dann schrieb sie auf einen Zettel: „Wir sollen demütig sein. Jesus war demütig, deshalb liebte er alle Menschen und Gott über alles.“ — Es waren die Gedanken aus der Betrachtung des Evangeliums vom Vortrag während der Gebetsstunde in ihrem Haus.

Im Gespräch mit einem Priester erzählte Jelenas Mutter, daß die Frauen im Dorf oft zu ihr sagen: „Selig bist du!“, weil ihr Kind täglich die Gospa schaut. Sie aber macht sich Sorgen, daß diese unbegreiflich großen Gnaden für ihr Kind und ihre ganze Familie, und ebenfalls für einen noch weiteren Kreis von Menschen, als etwas Alltägliches, bzw. als etwas ganz Gewöhnliches angesehen werden. Denn dann könnten sie alle ihre Achtung und ihr Bewußtsein von der Größe und Bedeutung dieser Gnaden, ja auch die Gnaden selbst verlieren. Der Vater war ganz ihrer Meinung und fragte, welche Gebete seine Familie verrichten sollte, um dem entgegen zu wirken. Der Priester konnte ihnen nichts besseres sagen, als daß sie alle den Anregungen des Geistes treu folgen sollten, der zu ihnen durch Jelena spricht.

Die Gebetsgruppe

Über Jelena Vasilj hat die Gospa einen Wunsch geäußert: Sie wünscht eine Gruppe von Freiwilligen, die sich ihr und Jesus ganz zur Verfügung stellen. Die Gospa hat selbst und mehrmals mit Jelena darüber gesprochen, und auch Richtlinien für diese Gruppe gegeben. Pater Tomislav Vlašić hat diese hier kurz zusammengefaßt:

Zu dieser Gruppe dürfen alle kommen, die es wünschen, aber die Gospa ruft dazu besonders die Jugendlichen, die noch von Familien- und Arbeitsverpflichtungen frei sind. Dann noch besonders diejenigen, die sich später in einer Ordensgemeinschaft Gott zu weihen gedenken. Die Gospa hat versprochen, sie selbst werde die Gruppe führen durch geistliche Regeln, die sie selbst geben wird. Auch andere, die keine Möglichkeit haben, einer Gruppe anzugehören, können an ihrem Ort nach diesen Regeln leben. Die Gospa wünscht offensichtlich, daß auch anderswo in der Welt ähnliche Gebetsgruppen entstehen. Jeder kann in seinem Beruf bleiben und seine Heiligung anstreben.

Von den einzelnen in der Gruppe verlangt die Gottesmutter ausdrücklich:

1. Allen ihren Leidenschaften und ungeordneten Begierden zu entsagen. Das Fernsehen, besonders schlechte Sendungen, übermäßiger Sport, Rauchen, übertriebener Genuß von Nahrung und Getränken, besonders Alkohol, usw. zu meiden.
2. Sich ganz und total Gott zu übergeben.
3. Ein für allemal jede Angst abzulegen. Wer sich

Gott übergibt, in dessen Herzen gibt es keinen Platz für die Angst. Schwierigkeiten wird es immer geben, aber sie werden dem geistlichen Wachstum dienen, und Gott zur Ehre gereichen.

4. Ihre Gegner zu lieben beginnen, keinen Haß, keine Bitterkeit oder Verurteilung im Herzen zu tragen, sondern nur Liebe und Verzeihung. Für ihre Gegner zu beten und den Segen auf sie herabzurufen.
5. Zweimal in der Woche zu fasten bei Wasser und Brot. Einmal in der Woche zusammenzukommen in der Gruppe.
6. Täglich wenigstens drei Stunden dem Gebet zu widmen, davon jeden Morgen und jeden Abend wenigstens eine halbe Stunde. In dieser Zeit des Gebetes ist auch die hl. Messe und der Rosenkranz eingeschlossen. In der übrigen Zeit tagsüber sich zu bemühen, freie Augenblicke für das Gebet zu finden, und wenn die Verhältnisse es ermöglichen, täglich an der hl. Eucharistiefeier teilzunehmen.

Das Gebet soll man mit ganzer Hingabe verrichten. Dabei nicht stets auf die Uhr schauen, sondern sich von der Gnade Gottes führen lassen. Auch soll man um irdische Angelegenheiten sich nicht zuviel Sorgen machen, sondern alles im Gebet Gott anvertrauen. Denn wenn man zu besorgt ist, kann man nicht gut beten, weil die innere Ruhe fehlt. Gott wird helfen, auch irdische Angelegenheiten zur rechten Zeit zum guten Ende zu führen, wenn man sich für seine Angelegenheiten zuerst einsetzt.

Von denen, die die Schule besuchen oder zur Arbeit gehen, verlangt die Gospa wenigstens eine halbe

Stunde des Gebetes jeden Morgen und jeden Abend, und, wenn möglich, die Teilnahme an der hl. Messe.

Den Geist des Gebetes auf das Tagewerk ausdehen, die Arbeit mit dem Gebet begleiten. Einmal sagte die Gospa wörtlich: „Betet, betet, betet! Durch das Gebet könnt ihr alles erlangen!“

7. Vorsichtig zu sein, weil der Teufel alle prüft, die sich entschlossen haben, sich ganz Gott zu weihen. Auch sie wird er prüfen. Er wird ihnen zureden, daß sie zuviel beten, daß sie zuviel fasten, daß sie wie alle anderen jungen Leute seien und den Vergnügungen nachgehen sollen. Sie sollen ihm nicht gehorchen! Sie sollen auf ihre, der Gospa Stimme achten! Und wenn sie im Glauben gefestigt sind, wird ihnen der Teufel nichts mehr antun können.

8. Für ihren Bischof und die kirchlichen Vorgesetzten viel zu beten. Sie sollen wenigstens die Hälfte ihres Fastens und Betens für sie darbringen.

Die Gospa wacht weiter über die Gruppe. In der letzten Zeit betont sie: „Vertieft euer Gebetsleben!“

Hier möchte ich noch meine persönliche Meinung hinzufügen: Die Gospa geht hier offensichtlich auf alles oder nichts. Durch solche Gruppen will sie die Heiligen erziehen, die sich ihr ganz und total zur Verfügung stellen. Die Ära der Heiligen, die nach den großen Geschehnissen kommen soll, hätte also schon begonnen. Es ist die Zeit vorbei, wo Gott tolerieren konnte, daß wir Ihm nur mit halbem Herzen dienen. Die Scheidung der Geister, die Christus im Evangelium angekündigt hat, wird jetzt immer deutlicher und bestimmter.

Die Gospa sagte einmal, sie könne mit dem Volke Geduld haben, aber von den gottgeweihten Personen und von den kirchlichen Vorgesetzten verlange sie eine Änderung des Lebens. Und wiederum betont sie ganz besonders von denen, die sich ihr ganz zur Verfügung stellen, jede Angst von sich zu werfen.

Immer wieder und ununterbrochen ruft sie zum Gebet auf: „Betet, betet, daß ich über den Teufel siege!" Gebet und Bekehrung sind das Hauptthema ihrer Botschaften.

Aufruf der Priester von Medjugorje

Die Priester, die in Medjugorje tätig sind, haben am 9.4.1983 an den Bischof von Mostar und an die Priester ihrer Diözese anläßlich des »Heiligen Jahres der Erlösung« eine besondere Botschaft gerichtet. Sie betonen darin, daß sie in der Pfarrgemeinschaft die Bulle des Heiligen Vaters gelesen haben, und erklären: „Wir erkennen den einen und selben Geist, der den Heiligen Vater inspiriert hat, und der schon 21 Monate lang unsere Pfarrei und auch breite Kreise der Bevölkerung bewegt. Die Gläubigen, die hier zusammenkommen, leben schon von den Werten, die der Heilige Vater in der erwähnten Bulle so betont in den Vordergrund stellt."

Danach zählen sie im einzelnen auf, wie das durchgeführt wird. Am Freitag fasten bei Wasser und Brot. Viele dehnen dies aber auch auf weitere Tage der Woche aus und entsagen auch dem Alkohol, Nikotin, den Unterhaltungsprogrammen und anderen Genüssen. Die Menschen erleben eine gründliche Erneuerung in sich. In der Pfarrei feiert man gemeinsam monatliche Versöhnung, heilige Beichte und Tage des Gebetes und der Buße.

Die Pfarrgemeinde ist eine lebendige und aufgeschlossene Gebetsgemeinschaft geworden. Viele Gläubige beten jeden Tag in tiefer Sammlung. Die Pilger erneuern in der Begegnung mit den Familien von Medjugorje ihr eigenes privates und gemeinsames Beten. Um den Altar, bei der heiligen Messe und der heiligen Kommunion, vereinigen sich die Gläubigen der geteilten Diözese und beten dabei zusammen für die Diözese und die Priester, und für die ganze Kirche.

Hier wird durch den praktischen Glauben die Rolle Mariens als »Mutter der Kirche« und Vermittlerin aller Gnaden tief zum Ausdruck gebracht. Die Kirche wird eine Kirche des Friedens, weil sich die Einzelnen, Familien und Gemeinschaften versöhnen.

Zum Schluß schreiben sie: „Von allen Seiten fließen hierher die Ströme des Volkes. Ohne irgendeine Reklame oder billige Propaganda haben wir heute vor uns die meistbesuchte Kirche in unserem Lande. Hier fühlt man wirklich die frische Gebets- und Bußwelle, die wir heute umsonst in dieser Form in weltbekannten Heiligtümern suchen. ... Deshalb laden wir euch offen und brüderlich ein, um gemeinsam über die Erfahrungen der hiesigen Gläubigen und über die Chance nachzudenken, die der Herr noch immer unserer Kirche gibt. Hier drängt sich Gott selbst seinem Volke auf, damit es ihn annehme."

Im Heiligen Jahr der Erlösung beten alle täglich nach der Meinung des Heiligen Vaters. Am Donnerstag ist jeweils eine Anbetungsstunde vor dem Allerheiligsten und freitags eine vor dem hl. Kreuz.

Eine plötzliche Bekehrung

Ein Pfarrer aus der Umgebung von Zagreb berichtet: Ein Mann aus seiner Pfarrei war schon lange Zeit als Atheist bekannt. Er hatte sich immer als Atheist betätigt und seine Kinder auch gottlos erzogen. Weder er, noch sonst jemand aus der Familie kam je in die Kirche. Ende 1982 wurde er krebskrank, ohne jede Hoffnung auf Genesung. Mehrere Gläubige versuchten ihn zu überreden, doch einmal zu beichten. Er wies aber solche Versuche entschieden zurück. Aus seiner Pfarrei pilgerten viele nach Medjugorje. Sie beteten für ihn in Medjugorje und auch daheim. Einmal ließen sie ihn durch eine Seherin ganz besonders der Gospa empfehlen. Nun geschah folgendes, was auch von seinen Angehörigen bestätigt wird:

Der 3. März 1983 war ein Donnerstag. Nachdem er im Bett zu Mittag gegessen hatte, brachte seine Frau das Geschirr in die Küche. Er wendete sich im Bett auf die andere Seite und sah nun plötzlich an der Wand die Gestalt der Mutter Gottes, vom Kopf bis zur Mitte. Er sah sie etwa eine Minute lang. Auch sie schaute ihn an, sagte aber nichts und lächelte ihm nur zu. Er war bei vollem Bewußtsein, wach, erschrocken. Er blickte sie an, denn so viel Schönheit hatte er noch nie in seinem Leben gesehen. Die Gospa schaute ihn durchdringend an, den Kopf hatte sie ein wenig zur Seite geneigt. Nach dieser Erscheinung weinte er nur, sagte aber nichts von seinem Erlebnis.

Am nächsten Tag erzählte er es seiner Frau und einigen anderen. Er verlangte zu beichten. Der Pfarrer kam, er beichtete und kommunizierte. Seitdem empfängt er oft die heilige Kommunion. Er ist ganz beruhigt und betet viel. Er bezeugt, wenn Gott ihm jetzt die Gesundheit geben würde, werde er nie mehr am Sonntag die heilige Messe versäumen. Zehn Tage nach der Bekehrung besuchten ihn einige Bekannte. Der Kranke berichtete ausführlich über seine Krankheit und die Operation, die er überstanden hat, und dann noch besonders darüber, was er erlebt und wie er sich bekehrt hat. Er zeigte dabei an der Wand die Stelle, wo er die Gospa gesehen hat. Er erklärte, daß er sich durch niemand auf der Welt hindern läßt, davon zu sprechen. Wenn es ihm in seiner Krankheit besonders schwer wird, bittet er seine Hausgenossen, daß sie mit ihm zusammen beten. Gleich nach der Bekehrung schickte er seinen Parteiausweis zurück. Nachdem er das Buch über Medjugorje gelesen hatte, bat er seinen Sohn, daß auch er mit einer Gruppe dorthin pilgern möge. Der Sohn erzählte nun, daß er auch das Wunderzeichen am Kreuz auf dem Križevac gesehen hat, zusammen mit anderen Pilgern. Die Bekehrung des Kranken ist sehr bekannt geworden. Viele Leute besuchen ihn, und er erzählt allen von Gott und der Gospa.

Die Geschehnisse in Medjugorje machen nachdenklich

Medjugorje war noch vor kurzer Zeit ein unbekanntes Dorf, heute ist es schon ein Begriff geworden. Der Ruf von ihm verbreitet sich nicht nur im eigenen Land, sondern über die ganze Welt. Auf allen fünf Kontinenten wird von ihm gesprochen, und man vergleicht es mit den weltbekannten Orten der Erscheinungen der Mutter Gottes, Lourdes und Fatima. Immer mehr befaßt sich die Weltpresse mit Medjugorje und den dortigen Ereignissen. Die laufenden Publikationen in den religiösen wie auch profanen Zeitungen und Zeitschriften werden mit immer größerem Ernst gebracht und ziehen immer weitere Kreise. Das Interesse für Medjugorje in der Welt wächst, immer mehr Pilger kommen auch aus dem Ausland. Und alle, die einmal dort gewesen sind, wünschen wieder dorthin zu kommen. Sie verbreiten den Ruf über das, was dort geschieht, immer weiter und werden zu Verkündern der Botschaft der Gospa.

Denen, die es schwer finden, die Gospa in Medjugorje zu erkennen und anzuerkennen, möchte ich zwei Tatsachen vor Augen stellen und zu bedenken geben. Den total veränderten Gesichtsausdruck der Seher während der Erscheinungen, besonders bei Vicka, kann selbst die beste Schauspielkunst der Welt nicht hervorbringen. So etwas läßt sich nicht durch menschliches Bemühen erreichen. Weiter: Alle Seher, besonders Vicka, zeigen eine außergewöhnliche Geduld mit aller menschlichen Neugier, die sie Tag für Tag umlagert und eigentlich nie zur Ruhe kommen läßt. Fast jedes private Leben ist für sie unmöglich. Tausend und abertausend Male antwortet sie auf unzählige und immer dieselben Fragen. Vickas Zuvorkommenheit und Liebenswürdigkeit übersteigt dabei alle menschlich-natürlichen Kräfte. — Wenn wir nicht zugeben wollen, daß sie bei der Erscheinung wirklich die Mutter Gottes schaut, wie sollen wir dann das alles erklären?

Es gibt vieles, was wir mit unserem Verstand kaum erreichen und begreifen, dem wir aber mit unserem Herzen sehr nahe kommen können. Das gilt vor allem, wenn es um die Liebe geht. Vor der Liebe ist der Verstand ohne Macht, die Liebe wirkt oft gerade gegen den Verstand. Und doch ist die Liebe das, was im Menschenleben mehr als alles andere, oder besser gesagt, einzig und allein zählt, auch mit dem Maßstab dieses Lebens gemessen. Die Liebe allein macht glücklich. Wenn die Liebe fehlt, hilft alles andere nichts, der Mensch ist unglücklich.

Das gilt auch für die Beziehung des Menschen zu Gott, und noch mehr für die Beziehung Gottes zum Menschen. Gott hat den Menschen aus Liebe und für die Liebe erschaffen, für die ewige, unendliche Liebe. Und Gott hat in dieser seiner Liebe alle Regeln des Verstandes überschritten — menschlich gesehen —, weil er uns bis zur Torheit des Kreuzes geliebt hat. Und er liebt uns noch immer, obwohl wir dieser Liebe durchaus unwürdig sind. Und noch immer unternimmt er alles Mögliche, um uns zu retten, und da — wieder von unserem Standpunkt aus gesehen — übersteigt und überschreitet er alle Regeln des menschlichen Verstandes. Nur der Mensch bildet sich ein, er könne mit seinem Verstand auch die Werke und Wege Gottes begreifen und verstehen, während er nicht imstande ist, sogar die einfachsten Gesetzmäßigkeiten der ihn umgebenden Natur zu verstehen.

Versuchen wir einmal, das Grübeln unseres Verstandes ganz wegzulassen, alle menschlichen Gründe dafür oder dagegen. Stellen wir uns einmal vor Gott, ganz geöffnet für ihn und für seine Liebe zu uns, bereit das aufzunehmen, was unser Herz uns sagt, bereit, das Angebot und den Anstoß dieser Liebe auch dann aufzunehmen, wenn unser Verstand es nicht begreifen kann. Und dann — in dieser Haltung und Stimmung — stellen wir uns das Wesentlichste und das Wichtigste aus den Ereignissen in Medjugorje und die Botschaft der Gospa in ihrem ganzen Ausmaß vor Augen. Versuchen wir einmal zu fühlen und zu erleben, daß die Gospa eine Mutter ist, der treueste Widerschein der Liebe Gottes, und daß Gott sie uns schickt, und daß Gott selbst durch sie zu uns spricht. Wenn wir in dieser Haltung eine gewisse Zeit verweilen, bin ich überzeugt, daß alle Einwände unseres Verstandes verstummen und wir mit unserem Herzen, in unserem Inneren das Unbegreifliche und Unverständliche verstehen und begreifen werden, weil Gott selbst durch die Gospa mit seiner Gnade zu uns sprechen wird als mit einer Gabe seiner unbegreiflichen Liebe.

Über Medjugorje könnten wir dicke Bücher schreiben, die dennoch dem Leser kein echtes Bild von dem vermitteln, was dort geschieht. Man muß persönlich hingehen und an Ort und Stelle selbst alles sehen, hören und erleben. Allein das genügt noch nicht: Man muß in einer richtigen Gesinnung kommen, mit einem Herzen, das offen und bereit ist, diesen großen Einbruch der Gnade zu hören, zu fühlen und zu erleben, der ohne Zweifel jeden ergreifen wird, der dorthin kommt, bereit, sich ihm zu öffnen.

Wer mit Vorurteilen kommt, voll von allerlei anderen Gedanken und Wünschen, zumal mit unehrlichen Absichten, kann sicher sein, daß er von alldem nichts erlebt, daß er leer wieder zurückkehren wird. Wer zur Quelle kommt, muß mit einem leeren Gefäß kommen, um das Wasser schöpfen und mitnehmen zu können. So auch hier.

Laut den neuesten Berichten von Augenzeugen, die im Dezember 1983 Medjugorje aufsuchten, gehen die Erscheinungen noch immer weiter. Jeden Abend vor der heiligen Messe erscheint die Gottesmutter den Sehern in der Kapelle der Kirche. Die Dauer der Erscheinungen ist verschieden, meistens fünf bis zehn Minuten.

Am 2. Jahrestag der Erscheinungen, am 24. und 25. Juni 1983, strömten etwa ein Drittel mehr Pilger nach Medjugorje als im Vorjahr. Man schätzte etwa 150 000. Die speziellen Militäreinheiten in voller Ausrüstung lagen wieder auf den umliegenden Bergen wie im Vorjahr. Anfänglich wurden Wachposten aufgestellt, die den Zutritt zum Erscheinungsberg und dem Kreuzberg verhindern sollten. Aber noch am gleichen Tag wurden diese auf Befehl aus Sarajevo zurückgezogen. Alles verlief ohne große Zwischenfälle. Einem Pilger, der auf dem Weg nach Medjugorje ein Kreuz trug, wurde es entrissen, und er wurde damit niedergeschlagen, so daß er auf der Straße lag. Die Menschen sind aber gewohnt, solche Angriffe und Leiden auf sich zu nehmen. Oft sind die Strapazen für die Pilger, die nach Medjugorje kommen, sehr groß. Dort gibt es keine Gaststätten oder Hotels. Sie müssen unter freiem Himmel ihr Nachtquartier suchen. Wenn große Mengen Pilger anwesend sind, wird die ganze Nacht durchgebetet und gesungen und viele Franziskaner-Patres hören Beichte. Auch dies geschieht im Freien, weil in der Kirche zu wenig Platz ist. Die Beichtväter sitzen im Freien auf einem Stuhl, und die

Beichtenden knien auf der bloßen Erde. Auf diese Weise wird oft stundenlang Beichte gehört. Sogar bei großer Kälte war dies geschehen. Man sagte, daß es ein Wunder sei, daß die Beichväter ohne zu erkranken dies überhaupt durchhalten konnten.

Am 24. Juni 1983 richtete die Gottesmutter folgende Botschaft an das Volk: „Das Zeichen kommt, aber ihr sollt nicht darauf warten (nicht immer daran denken). Das einzige Wort, das ich allen sagen möchte, lautet: Bekehret euch! Saget dies möglichst schnell allen meinen Söhnen und Töchtern. Es ist mir nicht zu viel, noch die Mühe zu groß, für euch zu leiden. Ich werde gerne für euch leiden. Ich werde meinen Sohn bitten, die Welt nicht zu bestrafen. Aber nur um eines bitte ich: Bekehret euch! Ihr könnt nicht wissen, was geschehen, noch was der Vater auf die Welt schicken wird. Daher, bekehret euch! Entsaget allem, tut Buße!

Sagt Dank allen meinen Kindern für ihr Fasten und Gebet. Dies alles trage ich zu meinem Sohn, um von ihm die Linderung seines Zornes wegen der sündigen Welt zu erlangen."

Am Sonntag, dem 11. September 1983, gab es auf dem Križevac (Kreuzberg) ein großes religiöses Fest. Man feierte das goldene Jubiläum des Kreuzes, das vor 50 Jahren dort von der Bevölkerung errichtet wurde. Seither sind unzählige Menschen zum Kreuzberg hinaufgepilgert, um dort Jesus und seiner heiligsten Mutter Gebete und Bitten darzubringen und auch Buße zu tun.

»Glas Koncila« Nr. 19 vom 25. 9. 83 berichtet, daß auch Pilger aus verschiedenen Ländern auf dem Kreuzberg anwesend waren: Aus Österreich, Deutschland, Italien, Frankreich, Portugal, den Vereinigten Staaten, Kanada, Argentinien und sogar aus Australien. Extra erwähnt wurde eine Gruppe aus Fatima. „Es war eine Zusammenkunft von Menschen eines Herzens und einer Seele, Menschen aus jedem Stamm und jeder Sprache und Kultur. Ohne Einladung sind sie hierher zusammengekommen und haben sich um das Kreuz versammelt und verbrüdert." Die Franziskaner-Patres von Medjugorje schätzten die Zahl der Pilger auf etwa 150 000.

Am 11. September, dem Tag der Feier auf dem Kreuzberg, sandte die Mutter Gottes durch die Seher den Einwohnern von Medjugorje eine besondere Botschaft: Sie dankt allen für jedes Glas Wasser, für jeden Bissen Brot und für alles, was sie den Pilgern gegeben haben und genauso für die gewahrte Ordnung und den Frieden.

Der Zutritt auf den Berg Crnica, zur Stelle der Erscheinung, sowie auf den Berg Križevac ist seit dem 24. Juni 1983 frei. Die Polizisten wurden abgezogen, und nun kann jeder ungehindert auf die beiden Berge pilgern.

Pater Jozo Zovko wurde im Juli 1983 in die entfernteste Ecke der Diözese und Provinz versetzt, in das abgelegene Dorf Bukovica bei Duvno, und zwar als Kaplan.

Am 5. September 1983 starb die Mutter des Sehers Jakov. Sie war schon über ein Jahr krank, lag aber nicht zu Bett und wollte auch keinen Arzt aufsuchen. Einen Tag vor ihrem Tod empfing sie die hl. Sterbesakramente. Ein Onkel aus der Nachbarschaft nahm Jakov auf. Er und seine Frau sorgen für ihn. Auf die Frage, ob die Gospa auch ihm die Mutter gezeigt habe, antwortete Jakov: „Nein, sie sagte aber, ich soll mir keine Sorgen um sie machen."

Wenn jemand fragen würde, warum die Gospa für ihre Erscheinungen gerade die Herzegowina und Medjugorje erwählt hat, so glaube ich sagen zu müssen, daß es nicht schwer ist, eine richtige Antwort zu finden: Wer nur ein wenig durch die Herzegowina gereist ist, der konnte so viele neue, vor kurzer Zeit erbaute Kirchen sehen, wie vielleicht nirgends sonst auf der Welt. Eine jede dieser Kirchen entstand als Frucht vieler Schwielen, Opfer und Entsagungen des dortigen Volkes. Sie sind Zeugen seines Glaubens und — trotz allen seinen Mängeln — seines christlichen Lebens. Die Kirche in Medjugorje aber ist die größte von allen diesen Kirchen, den alten wie den neuen. Ist es dann ein Wunder, daß die Gospa gerade hierher gekommen ist?!

Auch dieses Volk, wie überall anderswo, war oft in vielen Dingen nicht treu und konsequent in der Ausübung seines Glaubens. Es gab allerlei Sünden und Ärgernisse. Aber hier geschah etwas Einmaliges: Nur acht Tage nach Beginn der Erscheinungen haben die Seher in der übervollen Kirche vor einer Menschenmenge ihr Zeugnis für die Gospa, die sie gesehen haben, abgelegt und ihre Botschaft dem Volke weitergegeben. Daraufhin glaubten alle Anwesenden wie ein Mann und nahmen noch in dieser Stunde die Gospa und ihre Botschaft an, und die Verpflichtung eines strengen Fastens das sie sofort zu verwirklichen begannen. Es war eine Bekehrung nicht nur der ganzen Pfarrei, sondern noch am selben Abend auch vieler anderer über die Pfarrgrenzen hinaus. Nicht nur, daß diese Bekehrung und radikale Lebensänderung der unzähligen schon so lange Zeit dauert, sondern sie steigt immer mehr in der Intensität und verbreitet sich immer weiter, nicht nur in der Heimat, sondern bereits durch die ganze Welt.

Ein deutscher Pfarrer war in diesem Herbst als Pilger in Medjugorje und sagte danach: „Hier haben die Menschen wieder einmal Zeit für Gott!" Eine ausgezeichnete Bemerkung! Vielleicht ist der größte Mangel unseres Jahrhunderts der, daß die Menschen für alles Mögliche genug und viel Zeit haben, aber für Gott keinen Augenblick! Und siehe da, — die Gospa kam in der Gewalt und Kraft des Hl. Geistes — und die Menschen haben auf einmal Zeit für Gott. In der Kirche von Medjugorje hat es keiner eilig. Heilige Messen und Gebete dauern lange. Man betet viel und beharrlich, jeden Tag, jeden Abend, und das mehrere Stunden. Jeden Abend kommt ein Großteil der Anwesenden aus der Pfarrei Medjugorje, die jetzt ein ganz neues Leben lebt, und ohne Zweifel jetzt die beste und vorbildlichste Pfarrei in der ganzen Kirche ist. Das Volk betet viel, nicht nur in der Kirche, sondern auch daheim. Es betet und fastet, wie es dies schon Jahrhunderte lang nicht mehr getan hat. Und der Gottesdienst in Medjugorje, die Predigten, wie auch alles andere, strebt bewußt und offensichtlich danach, dieses Volk möglichst gut zu belehren und zu festigen, daß der Glaube in ihm wirklich aufrichtig, tief und lebendig wird.

Sehr weit über Medjugorje und die Herzegowina, ja sogar weit über die Grenzen Jugoslawiens hinaus, ist dieser neue Wind von Medjugorje spürbar und bringt Erfrischung und Erneuerung.

Die Gospa hat bestimmt ihre Gründe dafür, daß sie in ihren Erscheinungen hier so viel vom Gebet spricht. Auch die Franziskaner in Medjugorje haben es begriffen, und sie sprechen sehr viel darüber. Hier nur einige ihrer Gedanken:

Pater Tomislav Vlašić sagte einmal: „Durch Gebet können wir Gottes Pläne ändern!" Wirklich, haben wir überhaupt eine Ahnung, welche Kraft unser Gebet besitzen kann? Und was alles wir dadurch erreichen können! Die Gospa sagt: „Alles!" — Wir können bestimmt nicht Gottes Pläne in einem absoluten Sinn ändern. Aber wir können ganz sicher Gott „bezwingen", daß er von den Übeln abläßt, die er uns angedroht hat, daß er sie von uns und der Welt und Menschheit abwendet. Die Hl. Schrift bringt uns viele solcher Beispiele erfolgreichen Gebetes: Auf das Gebet Abrahams hin war Gott bereit, Sodom und Gomorrha zu verschonen. Auf das Gebet des Moses hin ließ Gott mehrmals von der Strafe ab, mit der er sein Volk bestrafen und sogar vernichten wollte. Wegen seiner Bekehrung durch Buße und Gebet verschonte Gott Ninive ...

Pater Slavko Barbarić sagte in einer Predigt: „Beten heißt zuerst geben!" Gott unser Vertrauen, unseren Glauben geben, mit dem — nach den Worten Christi — wir auch „Berge versetzen" können. Erst dann können wir von ihm das empfangen, wofür wir beten. Das ist ähnlich wie bei der heiligen Messe, wo wir zuerst Gott Brot und Wein geben, um es ihm möglich zu machen, uns dann mit der unschätzbaren Gabe des Leibes und des Blutes Christi zu beschenken. Der Mißerfolg unserer Gebete hat ohne Zweifel seine Wurzel oft darin, daß wir im

Gebet Gott nichts gebracht haben, daß wir keinen Glauben, keine Zuversicht und kein Vertrauen ihm entgegenbringen.

Pater Jozo Zovko sagte einmal: „Es ist eine Illusion, den Frieden allein mit den Waffen zu verteidigen. Die Waffe siegt nicht in Kriegen! Das ist immer ein trügerischer, scheinbarer Friede. Der echte Friede quillt aus dem Herzen, das sich Gott zugekehrt hat. Die Kriege werden mit Gebet gewonnen. Der Sieg Israels war von den erhobenen Armen des Moses, der für sein Volk betete, abhängig. Solange diese seine Hände erhoben waren, siegte das Volk. Aber als er seine Hände sinken ließ, wurde das Volk besiegt. Auch aus der Geschichte sind uns viele Beispiele bekannt, wo die schwächeren Armeen, aber durch ein Heer von Betern verstärkt, viel stärkere Feinde besiegt haben."

Die Gospa hat offensichtlich gute und authentische Dolmetscher ihrer Botschaften gefunden!

* * *

Neue Berichte aus dem Jahre 1984

(Eingang: Oktober 1984 zur 6. Auflage)

René Laurentin, ein katholischer Priester und Theologe von Weltruf aus Frankreich, als Fachmann auf dem II. Vatikanischen Konzil tätig, Spezialist für die kirchliche Lehre über die hl. Jungfrau und die geistlichen Bewegungen in der Kirche, weilte an Weihnachten 1983 und im März 1984 in Medjugorje. Er veröffentlichte ein Buch auf französich über die Erscheinungen der Gospa in Medjugorje. Über seinen Aufenthalt und seine Erfahrungen berichtete er dem Bischof von Mostar. Für die kirchliche Öffentlichkeit in Jugoslawien schrieb er einen ausführlichen Artikel, den »Glas Koncila« in drei Folgen brachte in den Nummern 4-6 vom 19.2 - 18.3.84 unter dem Titel: »Erscheint die Gospa in Medjugorje?«

In diesem Artikel sagt Laurentin, daß der Bischof von Mostar ihn aufmerksam machte, er solle „kritisch vorsichtig" sein, und daß er von diesem „erworbenen Mißtrauen" durchdrungen war. Er war mehrmals bei der Erscheinung anwesend, sprach mit allen Sehern wie auch mit vielen Leuten in Medjugorje, beobachtete das Leben der Pfarrei und den Glauben und die Frömmigkeit der Pilger. Obgleich er als Wissenschaftler schreibt, muß er seiner Bewunderung Ausdruck verleihen über alles, was er sah und erlebte. Es ist seiner Meinung nach klar, daß die Erscheinungen echt und glaubwürdig sind, aber das Urteil darüber überläßt er der Heiligen Kirche. —

Nach so langem und beharrlichen Schweigen in der Kirchen-Presse Jugoslawiens über die Geschehnisse in

Medjugorje war dieser Artikel eine echte Erfrischung. Vielen Gläubigen brachte er Freude und manche Zögernden wurden angeregt, doch nach Medjugorje zu pilgern.

»Glas Koncila« brachte in Nr. 7 vom 1.4.84 die erste Mitteilung der erweiterten Kommission für Medjugorje, die nach der ersten zweitägigen Sitzung in Mostar am 24.3.84 ausgegeben wurde. Die Mitglieder der Kommission haben darin ihre Meinungen über die bisherige Entwicklung der Geschehnisse in Medjugorje vorgebracht, die Hauptpunkte der Arbeit festgelegt und die Aufgaben übernommen, die die Einzelnen bis zur nächsten Sitzung erledigen sollen. Die Kommission hat jetzt 14 Mitglieder, Priester und Professoren der kroatischen und slowenischen katholischen Theologischen Fakultäten, mit dem Bischof von Mostar als Vorsitzenden. Es kommen dazu noch ein Psychologe-Psychiater, ein Professor der Universität in Zagreb und eine Gruppe von Ärzten.

Die Zeitschrift der Diözese Mostar »Crkva na Kamenu« (Die Kirche auf dem Gestein), bringt in der Mainummer 84 ein »Gespräch über Medjugorje« mit Professor Dr. Rudolf Brajĉić SJ, der ein Mitglied der Kommission für Medjugorje ist. P. Brajĉić gab darin seiner Zufriedenheit Ausdruck über die Arbeit der Kommission bei der ersten Sitzung. Unter anderem sagte er: „Für uns alle wäre es eine Freude, und wir alle möchten, daß in Medjugorje echte Erscheinungen der Gospa geschehen. Hier soll das Urteil abgegeben werden, ob der Finger Gottes in Medjugorje am Werk ist, was aber letzten Endes bedeutet, über Gott selbst Richter zu sein, seine Werke zu beurteilen, was keinesfalls leicht ist. Deshalb haben wir in der Mitteilung für die Presse um Gebetshilfe gebeten."

P. Brajčić sagte weiter, daß die erste Phase der Arbeit der Kommission sein wird, die Angaben über die Geschehnisse in Medjugorje zu sammeln und zu studieren, die Erscheinungen persönlich zu beobachten, und dann sollen die Ärzte, Psychologen und Soziologen darüber wissenschaftlich urteilen. Die zweite Phase soll dann die Beurteilung der Übernatürlichkeit dieser Geschehnisse sein, und die dritte die Erstellung des Urteils.

Zwei Monate nach der ersten Sitzung der erweiterten Kommission für Medjugorje war im Mai 84 in Mostar die zweite Sitzung. Darüber wurde bisher keine Mitteilung für die Öffentlichkeit abgegeben.

Die Seher und die Botschaften

Die Gospa erscheint auch weiter täglich in Medjugorje, aber die Erscheinungen sind meistens ganz kurz, kaum etwas mehr als eine Minute. Die Gospa erzählt Vicka noch immer ihr Leben, mit Ivanka spricht sie über die zukünftigen Ereignisse, über Marija gibt sie jeden Donnerstag seit Beginn der Fastenzeit eine Botschaft für die Pfarrei Medjugorje, die freilich auch für die ganze Welt gilt. Die anderen Seher empfehlen der Gospa die Kranken und alle Bedürfnisse, die ihnen von den Pilgern und anderen empfohlen wurden, und bekommen von der Gospa besondere Anregungen, um auf bestimmte Meinungen zu beten.

Alles, was die Gospa spricht, ist meistens eine einfache Anregung zu Frieden, Gebet, Buße und Bekehrung. Zum dritten Jahrestag der Erscheinungen sagte sie wörtlich:

„Kinder, ich danke euch für jedes Opfer, das ihr in diesen Tagen gebracht habt. Bekehrt euch, versöhnt euch, fastet, betet, betet, betet!"

Marijana Vasilj, die Seherin der zweiten Gruppe neben Jelena, die früher die Gospa nur sehen, aber nicht hören und nicht mit ihr sprechen konnte, hört seit November 1983 die Stimme der Gospa und spricht mit ihr.

Die ehemalige Seherin Mirjana in Sarajevo, die seit Weihnachten 82 keine Erscheinungen mehr hat, erlebte an ihrem Geburtstag am 18.3.84 wieder eine Begegnung mit der Gospa, wie die Gospa ihr versprochen hat. Während dieser weinte Mirjana und fragte die Gospa aufs Neue, wann sie sie wieder sehen dürfe. Die Gospa kündigte ihr die Möglichkeit an, ihr noch einmal in diesem Jahr zu erscheinen, sagte aber nichts Näheres darüber.

Eine Person aus dem engeren Bekanntenkreis Mirjanas sagt über sie: Mirjana ist ein ernstes und stilles Mädchen. Diese Ernsthaftigkeit zeigt sich besonders bei der Weitergabe der Botschaften der Gospa, dessen, was sie sagen kann und darf. Wenn sie spricht, sagt sie lieber zuwenig als zuviel. Auf Fragen antwortet sie äußerst einfach, ohne viel zu beschreiben, und wenn sie etwas beschreibt, dann tut sie es ganz kurz. Auch nach der Erscheinung, als sie über den Ausdruck des Gesichtes der Gospa gefragt wurde, über ihr Aussehen oder über etwas Besonderes, antwortete Mirjana meistens mit ja oder nein, so daß man kaum eine umfassende Antwort auf die gestellte Frage bekommen konnte. Nach der Erscheinung war sie oft ernst, in Gedanken versunken, erschüttert und geistesabwesend. Einmal ermahnte die Gospa sie, sie solle nicht traurig sein gegenüber den Dingen, die nicht zu ändern sind. Das bezieht sich auf den Inhalt der letzten anvertrauten Geheimnisse.

Einmal sprach eine Person mit Mirjana darüber, daß die Erscheinung oft nur ganz kurz dauert, und die Gospa schnell weggeht, als hätte sie es eilig. Sie selbst sagte sogar mehrmals: „Ich habe es eilig.“ Ohne irgendeinen besonderen Gedanken sagte diese Person, Mirjana könnte die Gospa fragen, warum sie es so eilig hat. Mirjana hat dann bei der Erscheinung der Gospa diese Frage wirklich gestellt und hat als Antwort bekommen: „Wenn sie in den Himmel kommt, wird sie sehen, warum ich es so eilig habe.“

Am 25.3.1984 war genau der tausendste Tag der Erscheinung, und es sind nun schon 33 Monate seit dem Beginn der Erscheinungen vergangen. An diesem Tag war die Erscheinung ausnahmsweise in der Sakristei der Pfarrkirche in Medjugorje, weil die Seher nicht in die Kapelle hineingehen konnten. Sie war überfüllt von denen, die der Erscheinung beiwohnen wollten.

Ein Augenzeuge erzählt, diesmal war während der Erscheinung die Seherin Marija ganz besonders schön in der Extase, wie sie gewöhnlich nicht ist, sie war viel schöner als sonst Vicka bei der Erscheinung wird. Diesmal sagte die Gospa: „Freut euch mit mir und meinen Engeln, weil ein Teil meiner Pläne schon verwirklicht ist. Viele haben sich bekehrt, aber viele wollen sich nicht bekehren. Betet ...“ Und dabei weinte sie wieder.

Die Botschaften für die Pfarrei Medjugorje: Das Wesentliche dieser Botschaften besteht darin, daß die Gospa sagt, sie habe auf eine besondere Weise diese Pfarrei erwählt. Sie will sie in der Liebe führen und beschützen. Sie wünscht, daß alle Pfarrangehörigen wirklich auch bekehrt seien, so daß alle, die nach Medjugorje kommen, hier auch die Quelle der Bekehrung finden könnten. Besonders empfiehlt sie die Anbetung Jesu im allerheiligsten Altarsakrament, die Verehrung des heiligsten Herzens Jesu und die Verehrung der heiligsten Wunden Jesu. Sie wiederholt immer wieder: „Verharret im Gebet! Betet, betet, betet ...!“ Alle diese Botschaften sind eigentlich eine Anregung für die Pfarrei, um ihre Bekehrung zu leben und sich der Gospa ganz zu übergeben.

Die Journalisten, die nach Medjugorje kommen, interessieren sich für das äußere Geschehen. Aber alles, was in Medjugorje geschieht, sind Wirkungen der Gnade Gottes, innere Erlebnisse, Bekehrungen, Geschehnisse einer inneren Wandlung. Das Wichtigste geschieht im Inneren, in den Menschen.

Über Jelena gibt die Gospa viele Botschaften, die erst gesammelt und mit Erklärungen versehen werden müssen, wann, wie und in welchem Kontext, bei welcher Gelegenheit sie gesagt worden sind. Alle diese Botschaften betreffen die innere Vertiefung des Gebetes und des Gebetslebens. Zu gegebener Zeit werden sie veröffentlicht. Vor allem die Gebete sollen vor der Veröffentlichung die kirchliche Gutheißung erhalten. Daher ist mit einer Veröffentlichung erst später zu rechnen, vielleicht erst nach der kirchlichen Anerkennung der Botschaft.

Die Zahl der Pilger wächst ständig, besonders viele kommen aus dem Ausland. In ausnehmend großer Zahl kommen Italiener, so daß in Medjugorje überall italienisch zu hören ist. Es kommen auch Franzosen, Österreicher, Deutsche, sogar Amerikaner.

Zum dritten Jahrestag der Erscheinungen kamen viel mehr Pilger nach Medjugorje als vor einem Jahr. Da der 24.6.84 ein Sonntag war, kamen 1984 wesentlich mehr Pilger als in früheren Jahren. Auch am nächsten Tag, dem 25.6. waren es wieder viel mehr als ein Jahr zuvor. Man sah viele Ausländer, besonders Italiener, deren Zahl man auf etwa 2 000 schätzte, dann 2-300 Franzosen und Deutsche, außerdem viele Engländer und Personen aus anderen Nationen. An diesen beiden Tagen zählte man etwa 180 Priester.

Die Franziskaner in Medjugorje sind sehr zurückhaltend, wenn sie nach der Zahl der Pilger befragt werden. Über die Zahlen sprechen sie am liebsten nicht. Keiner führt eine Aufzeichnung über die Zahl der Pilger, das wäre ganz unmöglich. Man kann als sicher annehmen, daß die Gesamtzahl der Pilger in den drei ersten Jahren weit über drei Millionen betrug.

Zweitausendster Geburtstag der Mutter Gottes

René Laurentin, der Verfasser eines Buches über Medjugorje, weilte zum zweiten Mal in Medjugorje zum Fest Mariä Verkündigung im März 1984. Im Gespräch mit den Franziskanern sagte er, der zweitausendste Geburtstag der Gospa müsse irgendwann jetzt fallen, in der Zeit zwischen 1983-1985. Da haben die Patres in Medjugorje durch die Seherin Jelena die Gospa gebeten, ihnen zu sagen, wann ihr 2000. Geburtstag sei. Die Gospa antwortete, ihr Geburtstag wird sein, wenn sich die ganze Welt bekehrt. Ein paar Tage später sagte sie: „Ihr habt nach meinem Geburtstag gefragt. Ich sagte, wenn sich die ganze Welt bekehrt. Ihr wart damit nicht zufrieden. Ich werde euch diesen Tag sagen und ihr sollt beginnen, euch darauf vorzubereiten."

In den Monaten April und Mai sprach die Gospa mehrmals über ihren Geburtstag. Am 24.4. sagte sie, wir sollen uns darauf schon jetzt vorbereiten, und zum Schluß besonders drei Tage, zwei Tage vorher und am Geburtstag selbst. Zwei Tage vorher seien Tage der Vorbereitung durch Gebet und Buße, und am Tag selbst soll man nicht arbeiten, sondern beten. Sie sagte noch: „Es wird viele Bekehrungen geben. Dieser Tag ist ein besonderes Geschenk meines Sohnes, um mich zu trösten."

Erst am 25. Mai 1984 gab sie das genaue Datum bekannt: Ihr zweitausendster Geburtstag fällt auf den 5. August 1984. Der Bischof von Mostar hat dann verboten, darüber zu sprechen und zu schreiben, weil niemand neue Feste einführen darf ohne Genehmigung des Hl. Vaters. Die Franziskaner haben dann nichts veröffentlicht und nicht darüber gesprochen. Das Volk bekam aber doch Kenntnis davon und bereitete sich vor. Die Franziskaner haben mit dem Volk gebetet und Buße getan, ohne vom Geburtstag zu sprechen. Das Volk in der Pfarrei, aber auch anderswo, hat sich wirklich darauf vorbereitet. Eine größere Anzahl Personen fastete neun Tage vorher bei Brot und Wasser. Viele Familien haben drei Tage vorher nicht gearbeitet, sondern nur gefastet und gebetet.

Der Geburtstag der Gospa, Sonntag, der 5. August 1984, war wirklich ein Tag des Gebetes. Man fühlte das in der Pfarrei und unter den Pilgern. Pater Tomislav

Vlašić sagte, daß er an diesem Tag zum ersten Mal in seinem Leben begriffen hat, was es heißt, ein Tag des Herrn: wenn nämlich das ganze Volk den ganzen Tag betet und ihn in Gott erlebt, zum Unterschied von unseren Sonn- und Feiertagen, die nur Tage des Tourismus geworden sind. Im Volk konnte man die Gnaden geradezu mit Händen greifen.

Alle Seher beider Gruppen, sieben insgesamt, sagen, daß die Gospa an diesem Tag überglücklich war, sie strahlte vor Freude und Glück, so wie diese sie noch nie gesehen haben. Alle haben ihr gratuliert und bei allen hat sie sich bedankt. Am nächsten Tag sagte die Gospa über eine Seherin der zweiten Gruppe: „Fahrt fort, fahrt fort zu beten und zu fasten und macht mich immer so glücklich, wie ihr mich gestern gemacht habt."

Die Gospa hat vor ihrem Geburtstag über den Seher Ivan mehrmals den Franziskanern Ratschläge gegeben, wie sie sich vor dem Geburtstag verhalten und das Volk vorbereiten sollen.

Zum 5.8. sind sehr viele Pilger gekommen, besonders am Samstag und Sonntag. Manche verweilten drei oder vier Tage in Medjugorje. Es war jedenfalls mehr Volk da als am Fest Mariä Himmelfahrt. Aber es war gerade an diesem Tag die schönste und geistlichste Versammlung, die Medjugorje je gesehen hat. Der Glaube im Volk war so tief erlebt wie noch nie. Für Pater Vlašić bedeutete das den schönsten Tag seines Lebens, weil die religiösen Erlebnisse so rein und so tief waren. Es waren natürlich auch zahlreiche Pilger aus dem Ausland gekommen. Man sah wieder viele Zeichen und Lichterscheinungen beim Kreuz am Berg und am Berg Crnica an der Stelle der Erscheinung. Die Menge des Volkes konnte sie nicht nur sehen, sondern auch lange Zeit beobachten.

Es gab viele Bekehrungen. Alle Priester, die dort Beichte gehört haben, erlebten diese Tage, d.h. die ganze Woche vor dem Geburtstag wie ein Wunder. Leute strömten aus verschiedensten Regionen herbei. Viele waren unterwegs zur Adria, wohin sie auf Urlaub fuhren, und eine unbegreifliche Macht drängte sie einfach nach Medjugorje und zur Beichte. Eine große Zahl von ihnen hatte schon 20, 30, 35 Jahre lang nicht mehr gebeichtet. Alle beichteten unglaublich offen. Man brauchte garnichts zu fragen oder ihnen zuzureden, alles ging so einfach, wie in den Tagen Johannes des Täufers. Die Leute fragten nur: Was soll ich tun, wie soll ich mich bessern?

Verschiedene Berichte — eine wunderbare Heilung

Am Sonntag, dem 9. September 1984, gab es wieder eine große Feier beim Kreuz am Berg Križevac. Das Wetter war wunderschön. Es war nur etwas weniger Volk als ein Jahr zuvor hier, was auch verständlich ist, da so viele aus allen kroatischen Gebieten nach Marija Bistrica gefahren oder sogar zu Fuß dorthin gepilgert sind, zum nationalen eucharistischen Kongreß (über 400 000 Teilnehmer). Ein Bus mit Pilgern fuhr auch von Medjugorje. Man merkte also am Križevac, daß besonders aus dem Inland weniger Volk anwesend war. Es kamen aber Pilger aus allen Teilen der Welt, aus den Vereinigten Staaten, Belgien, Frankreich, eine Pilgergruppe aus Fatima in Portugal. Die Pilger aus Fatima haben die Hostien mitgebracht, die

Das Pfarrhaus von Medjugorje, im Hintergrund die Kirche

Die Kirche kann alle Pilger nicht mehr fassen

dann bei der hl. Messe konsekriert und bei der heiligen Kommunion ausgeteilt wurden. Der Hauptzelebrant und Prediger war Pater Tomislav Vlašić.

Am Križevac stand das Volk so dichtgedrängt um das Kreuz, daß man zur Kommunionausteilung nicht durchgehen konnte, noch weniger zum Beichten. Die Zahl der Priester war auch geringer, weil so viele nach Marija Bistrica gepilgert waren. Doch am Nachmittag dieses Tages stellten sich viele Priester dem Volk bei der Kirche in Medjugorje zur Verfügung, und eine große Menge Pilger hat gebeichtet. Sehr viele von denen, die am Berg waren, blieben auch zur Abendmesse in Medjugorje.

Auch am Križevac fühlte man in diesem Jahr eine tiefere Religiosität. Das Volk hat sich schon angewöhnt, in Gruppen betend hinaufzugehen. Oben wurde wieder anhaltend gebetet, alles dauerte zweieinhalb Stunden: zuerst der Rosenkranz, dann die heilige Messe mit Predigt, dann folgten wieder Gebete und die feierliche Weihe an das heiligste Herz Jesu, den König des Volkes.

Am 14. August, Vorabend von Mariä Himmelfahrt, wollte sich der Seher Ivan nach dem gemeinsamen Gebet zu Hause gerade in die Kirche begeben, da erschien ihm unerwartet die Gospa. Er war davon so überrascht, daß man ihm später in der Kirche noch seine Erregung anmerkte. Die Gospa gab ihm eine Botschaft für das Volk: „Ich wünsche, daß das Volk in dieser Zeit möglichst viel mit mir betet. Fastet streng am Mittwoch und Freitag und betet täglich womöglich den ganzen Rosenkranz“, d.h. die freudenreichen, schmerzhaften und glorreichen Geheimnisse. Dann hat sie noch alle, besonders die Pfarrangehörigen und das Volk aus der Umgebung gebeten, diese Botschaft mutig anzunehmen, zu leben und an alle weiterzugeben, denen sie begegnen. Dasselbe hat sie zwei Tage später wiederholt. — Seitdem betet man in der Kirche von Medjugorje jeden Abend zwei Rosenkränze vor der heiligen Messe und den dritten danach.

Einige Botschaften der letzten Zeit, die die Gospa durch die Seherin Marija für die Pfarrei Medjugorje und alle anderen gegeben hat, lauten:

12.7.1984: „Meine lieben Kinder, der Satan will zu dieser Zeit meine Pläne vereiteln. Betet, daß er dabei keinen Erfolg hat. Ich werde meinen göttlichen Sohn bitten, daß ihr in den Prüfungen standhaltet."

11.8.1984: „Liebe Kinder, betet, weil der Satan sich auch weiter bemüht, meine Pläne zu verhindern. Betet mit dem Herzen und vereinigt euch mit Jesus."

Ende August 1984: Die Gospa bittet, möglichst viel vor dem Kreuz ihres Sohnes zu beten und zu opfern.

Im September 1984: „Liebe Kinder, betet und fastet mit dem Herzen: Laßt nicht zu, daß euer Gebet und das Fasten zur Routine wird, zu einer Gewohnheit unter euch. Viele haben mit Beten und Fasten begonnen, weil es die anderen auch machen. Betet mit dem Herzen! Danket dem Herrn mit Fasten und Gebet, denn er hat mir erlaubt, so lange bei euch zu bleiben."

Die Seherin Vicka war krank, so daß sie nicht in die Kirche kommen konnte. Zu Hause im Bett erlebte sie aber die Erscheinungen der Gospa.

Die Seher der ersten Gruppe kommen zweimal in der Woche spät am Abend, wenn sie von der Kirche zurückkehren, mit noch einer Gruppe von Gläubigen und Pilgern auf den Berg Crnica zu der Stelle der Erscheinung, und beten und singen dort zwei bis drei Stunden. Meistens, aber nicht immer, erscheint ihnen wieder die Gospa, obgleich sie schon in der Kirche die Erscheinung erlebt haben. So taten sie auch am Samstag Abend vor dem Geburtstag der Gospa. Sie erschien ihnen, blieb bei ihnen ungefähr 20 Minuten und gab dann allen Sehern und allen Anwesenden einen mütterlichen Kuß. Die Gläubigen haben den Kuß gefühlt, aber nichts gesehen. Die Gospa sagte dann: „Das ist für die schweren Tage und Verfolgungen, die kommen werden."

Die Franziskaner von Medjugorje haben schon mehrmals den Hl. Vater in Einzelheiten über die Geschehnisse in Medjugorje, über die Botschaften der Gospa und besonders auch über den zweitausendsten Geburtstag der Gospa benachrichtigt.

Anfang September 1984 wurden Fra Tomislav Vlašić und Fra Veselko aus Medjugorje versetzt. An ihre Stelle kamen zwei andere Franziskaner. Es blieben aber weiter der Pfarrer Fra Tomislav Pervan und Fra Slavko Barbarić in Medjugorje. Dieser war früher einmal aus Medjugorje versetzt worden, kam aber bald wieder zurück. Fra Tomislav Vlašić ist jetzt Kaplan in Vitina, nicht weit von Ljubuški, etwa 25 km von Medjugorje entfernt. Er besucht von Zeit zu Zeit Medjugorje.

Von Multipler Sklerose geheilt

Im Bulletin der Diözese Split, August 1984, Seite 10-11, wird unter dem Titel »Noch etwas über Medjugorje« folgendes Heilungswunder berichtet: „Am 13. August besuchte eine Gruppe von etwa 30 Pilgern aus Mailand und

Pavia auf dem Rückweg von Medjugorje den Herrn Erzbischof. Unter ihnen waren auch fünf Universitätsprofessoren. Bei dieser Gelegenheit trafen sie auch mit dem Bischof von Mostar, Herrn Pavao Zanić, zusammen. Sie berichteten ihm über ein Wunder, das sich in der Kirche von Medjugorje ereignet hat:

Eine Italienerin, die infolge einer Multiple Sklerose-Erkrankung völlig blind und lahm war, wurde auf einmal gesund. Sie fing an zu gehen und konnte mit dem rechten Auge, mit dem sie schon lange nichts mehr sehen konnte, wieder sehen. Ärzte haben dem Bischof von Mostar eine wissenschaftlich ausgearbeitete Dokumentation über den Zustand der Frau vor und nach der Genesung übergeben.

Von nun an, so hoffen wir, wird man nicht mehr sagen können, daß es in Medjugorje kein wissenschaftlich festgestelltes Wunder gibt.

Außer diesem Wunder, das sich keinesfalls widerlegen läßt, gibt es auch andere wunderbare Ereignisse, von denen die moralische Sicherheit besteht, daß sie nicht auf natürliche Weise zustandegekommen sind, und von denen Ärzte eine wissenschaftliche Dokumentation erstellt haben.

Es besteht kein Zweifel über die Glaubwürdigkeit dieser Geschehnisse. Selbstverständlich ist die Gewißheit über die Wundergeschehnisse nicht mit mathematischer Sicherheit nachweisbar. Deshalb braucht man immer neben dem Verstand auch den guten Willen, um die Wunder anzuerkennen. Denn wir wissen ja, daß die Pharisäer zur Zeit Jesu seine Wunder dem Teufel zugeschrieben haben. Ein Mensch, der nicht glauben will, findet immer eine Ausrede, auch wenn sie abwegig und unlogisch ist.

ANHANG

Ein Bericht aus einer kroatischen Veröffentlichung:

»*Naŝa Ognjiŝta*«, März 1982, Seite 13

Medjugorje — *von anfänglichen Zweifeln zu kraftvollen Eindrücken*

Vorbei sind, genauer gesagt, schnell vergangen sind diese ungewöhnlichen acht Monate. Jeden Tag ungefähr zur gleichen Zeit kam ich nach Medjugorje und ging wieder zurück. Trotz aller Anstrengungen, aller Müdigkeit, die folgerichtig kam und sich mehrte, verrann die Zeit unaufhaltsam. Gut sagt der Schriftsteller Meŝa Selimović: „Was schwer ist, langweilt nicht." Zusammengedrängt sind die Geschehnisse und die Erlebnisse so verdichtet, daß sie sich der klaren, überschaubaren Darstellung entziehen. Doch das wäre vielleicht notwendig. Bei gewissen Dingen müßte man sich eine Weile aufhalten. Die Wahrheiten liegen immer in den Geschehnissen und Dingen, die Erkenntnis aber erwirbt man durch ihre Reflexion.

Die erste Nachricht über die Gospa in Bijakovići, Pfarrei Medjugorje, erhielt ich von einem jüngeren Intellektuellen, zwar einem Menschen von solidem Leben, aber nicht besonders tiefer Religiosität. Er sprach mit unverhohlener Begeisterung. — Ich blieb kalt und argwöhnisch. Es war am 25. Juni 1981, einen Tag nach dem Fest des hl. Johannes des Täufers. Der nächste, der mir dieselbe Nachricht brachte, war ein junger Priester. Er kam von Bijakovići. Auch er war begeistert. Wie von der Luft am Berg von Bijakovići an diesem Sommernachmittag erwärmt, war auch er vom Glauben der Menschen aus Bijakovići, denen er begegnete und mit denen er gesprochen hatte, ergriffen. — Meine Kälte blieb. —

Am 29. Juni 1981, dem Fest St. Peter und Paul, gegen Abend, ging ich selbst nach Medjugorje, nach Bijakovići nicht. Ich meine, nicht auf den Berg, denn das Dorf beginnt schon nach 20 Metern nach dem Pfarrhaus. Ich fand eine Menge Volk um das Pfarrhaus, vor der Kirche und im Pfarrhaus selbst. Das alles berührte mich merkwürdig. Ich sprach mit niemandem. Ich wollte die Meinung des Pfarrers hören, der selbst gerade vor einem Tag von einer Reise zurückgekehrt war. Im Pfarrbüro sah ich die Kinder, von denen man erzählte, sie sähen seit einigen Tagen die Gospa, und zwar täglich.

Der Pfarrer rief jedes allein in sein Zimmer. Man sagte, er frage sie aus. Mit den anderen fünf Kindern sprachen einige Zivilisten und mehrere Franziskaner. Einige Franziskaner hörten nur zu, andere dagegen stellten verschiedene »Untersuchungsfragen«, um die Kinder in irgend einen Widerspruch oder in Ungewißheit zu verwickeln. Ein Franziskaner, selbst dunkel von Aussehen, sagte düster zu ihnen: „Ihr Kinder seid in einem verrückten Nebel. Ihr beunruhigt das Volk, und ihr werdet euch selbst und der Kirche Schaden zufügen."

Die Kinder sahen ihn gelassen an und schwiegen. Sie waren vom langen Tag und dem erfolgten »Testen« übermüdet und erschöpft. Allein Vicka (die älteste Seherin) antwortete: „Sprecht ihr, was ihr wollt, aber wir täuschen niemanden."

Gegen 21 Uhr zerstreute sich das Volk. Im Pfarrhaus blieben nur die Franziskaner. Wir sprachen mehr mit Blicken als mit Worten. Mehr oder weniger standen wir alle unter dem Druck der zwei Fragen: *Ist das alles konstruiert,* und wer könnte das tun? — *Liegt hier Krankheit oder eine parapsychische Erscheinung vor?*

Wir dachten auch an eine wirkliche Erscheinung der Gottesmutter, aber erst an dritter oder vierter Stelle. Während wir so nachgrübelten und keinen Ausweg fanden, kam zu uns ein Nachbar der Seherkinder herein, ein Mann von vierzig Jahren, bekannt als tüchtiger und gläubiger Mensch. Gleich begann er zu sprechen: ,,Fratri, befreit euch von euren Zweifeln! Ich verfolge diese Sache vom zweiten Tag der Erscheinungen an. Die Gospa ist unter uns! Ihr werdet es noch sehen!''

Der Mann ging nach Hause, wir blieben mit unseren Zweifeln!

Der Pfarrer benahm sich kühl und zurückhaltend. Beim Abschied zog ich ihn zur Seite und fragte: ,,Was denkst du darüber?'' — Er zuckte nur die Achseln. — Es war schwer, ein sicheres Urteil abzugeben. Der Pfarrer war in derselben Verfassung wie auch wir anderen: mißtrauisch, kalt. Vielleicht mit einer positiven Hoffnung im Innern, aber unerkennbar für uns. So gingen wir auseinander.

Am 3. Juli hörte ich, man habe in der Pfarrkirche von Medjugorje mit der Abendmesse begonnen. Der Pfarrer überlegte so: Wenn die Geschehnisse mit den Kindern von jemandem konstruiert wurden oder von einer parapsychischen Abartigkeit stammen, so kommt das nicht von Gott und wird bald entlarvt werden. Wenn aber der

Urheber von alledem der Satan ist, was im Prinzip nicht ausgeschlossen werden darf, muß man diesen in einen überschaubaren Raum zwingen, und das ist die Kirche. Deshalb entschloß er sich, die Pilger in die Kirche einzuladen, zu legalem und geordnetem Gottesdienst, zur heiligen Messe, zum Rosenkranzgebet und anderem, was die christlichen Pilger brauchen.

Am 3. Juli also, als ich nach Medjugorje kam, hatte die heilige Messe gerade begonnen. Die Kirche war voll mit Menschen jeglichen Alters, vorwiegend aber mit Jugendlichen. Der Pfarrer gab mir vom Altar her ein Zeichen, zu ihm zu kommen und bat mich, den Gesang während der heiligen Messe zu leiten, was ich auch tat.

Schon diese heilige Messe unterschied sich in vielem vom Gewohnten: ein Werktag, große Hitze und Schwüle, und die geräumige Kirche voll mit Gläubigen. Kein übliches Getümmel, das bei solchen Menschenansammlungen entsteht, auch wenn sie in der Kirche stattfinden: jemand stört den andern, auch beim angenehmsten Wetter, einer erzählt etwas oder langweilt sich hörbar. Hier ist alles wunderbare Stille, nur von den Lesungen der Messe, vom Singen oder dem Zwischengesang unterbrochen. Ebenso ist der Pfarrer auf irgendeine Weise anders, als ich ihn kenne. Sonst still, ein bißchen säumig, ohne größeren Schwung im Klang oder in Gefühlen, spricht er jetzt auf neue Weise und mit neuem Geist. Während des Hochgebetes der heiligen Messe scheint er vergessen zu haben, daß Tausende um ihn herum sind. Es ist, als wäre nur er und Christus in der Kirche. Er betet inbrünstig zu Ihm, flüstert mit Ihm zart und mit Zuversicht.

Die Innigkeit, mit der er betet, ist Ausdruck seiner Bedrängnis: Was und wohin mit diesem Volke? Darf ich es abweisen, daß es nicht mehr hierher kommt, oder muß ich ihm geben, was es sucht: das Heil Christi?

Als während der heiligen Kommunion ein donnerndes „Sei gegrüßt, du Leib Jesu" ertönte, war es mir, als hörte ich „das Rauschen vieler Wasser" aus der Geheimen Offenbarung. Meine Ungewißheit begann unaufhaltsam zu zerbröckeln.

Wessen unsinniges oder böses Spiel könnte dieses Volk Gottes so in Bewegung bringen und so sehr begeistern? Veranstaltet etwa Satan solche Werke zur Ehre Gottes? Die Fragen waren bereits voll der Antworten.

Nach der heiligen Messe traten die Seher-Kinder auf. Jetzt entstand in der Kirche eine Bewegung, ein Drängen und Heranschieben zu den Kindern, um sie aus der Nähe zu sehen. Dies war Neugierde, nicht nur geistig und heilig, aber sie war doch mehr vom Himmel, als von der Erde. Man wollte in Wirklichkeit nicht die Kinder sehen, sondern die Augen und die Gesichter, die die Gospa schauen, und denen sich jeden Tag mit der Gospa der Himmel auftut. Indessen aber, kaum haben die Kinder ihre sieben Vater unser, Gegrüßt seist du Maria und Ehre sei dem Vater begonnen, versank gleichsam die Kirche in eine geheimnisvolle Ruhe, die regelmäßig nur von den rhythmischen Gebetsantworten der Gläubigen unterbrochen wurde.

Niemals vorher hörte ich ein so einiges und gleichsam zusammengeschmolzenes Beten von tausenden Männer- und Frauenstimmen. Und die Männerstimmen waren eine Partitur für sich. Es ist heute nirgendwo leicht,

Männer zu bewegen und anzuregen, laut gemeinsam zu beten. Selbst die Seminaristen lassen sich schwer zu dieser Art des Betens bewegen. Und hier donnerten geradezu und dröhnten die Männer ihr Gebet ... Was ist das, fragte ich mich. Ist das die Herzegowina? Schon lange im Verruf, als wäre sie ohne Gehör, und in der neueren Zeit, als wäre sie ohne Geist! Eine wunderbare Kraft erquoll aus dem Innern dieser Menschen und ergoß sich klangvoll in der Einheit zu solchem Gebet.

Danach kommt der Rosenkranz. Keiner geht aus der Kirche. Hitze und Schweiß haben alle gebadet. Aber niemand klagt, keiner beunruhigt sich. Mit kurzem Abendgebet wurden die Gläubigen nach Hause entlassen. Viele aber gingen auch jetzt noch nicht. Sie blieben, um die Statue der Gospa herumgehend, oder einfach sie ansehend von den Bänken aus, manche auch außer den Bänken stehend, kniend.

Vor der Kirche, in Richtung Mostar, Bijakovići und Vasilji viele Fahrzeuge. Keiner stört den anderen. Auch hier begegnen sich die Menschen in stiller Freude, herzlich und aufmerksam zueinander. Die Fahrzeuge werden langsam herausgeholt und in die Kolonne eingeschlossen, nirgends die sonst übliche Nervosität der Autofahrer.

22 Uhr vorbei. Noch sind einige vor und in der Kirche zu sehen. Ein frischer Nordwindhauch vom Berg Velež summt sein Sommerlied in die Nacht hinaus, während Bijakovići und Medjugorje atmen und duften von üppigen Tabakfeldern und Weingärten, die seit kurzem verblüht sind. Die Gläubigen der Pfarrei Medjugorje sind von ungewöhnlichen Gefühlen ergriffen. Ihre große

Mehrzahl ging schlafen mit dem Ausruf: „Danke dir, Gott, danke dir, Gospa!“

Auch mich hat dieser erste Abend in Medjugorje so kraftvoll ergriffen, daß ich mich aus dieser Umarmung nicht mehr lösen konnte. Das Geschehen war nicht immer weich, auch nicht süß, aber es war mir immer lieb, so als würde ich von jemandem in einen unsichtbaren Strom eingeschlossen, dem ich nicht entrinnen konnte. Am nächsten Tag und immer, wenn mich jemand fragte, was ich über die Geschehnisse in Bijakovići und Medjugorje denke, antwortete ich dasselbe:

„Geh hin, und du wirst sehen! Dein Glaube wird es dir sagen. Und wenn dir dein Glaube nichts sagt, dann mußt du dich ehrlich fragen, was ihn nicht zu dir sprechen läßt!“

Fra Stanko Vasilj

* * *

Eine wichtige Mitteilung

Die Seherin Marija Pavlović bekam vom 1. März 1984 bis zum 8. Januar 1987 jeden Donnerstag eine Botschaft der Gospa. Diese Botschaften sind in erster Linie an die Pfarrei Medjugorje, darüber hinaus aber an die ganze Welt gerichtet. Man kann in ihnen eine Art Schulung oder Seelenführung erkennen, denn Maria will ihre Kinder zur Heiligkeit führen.

Am 8. Januar teilte die Gospa mit, daß nun etwas in Erfüllung gegangen sei, was der Herr gewünscht hat, deshalb werde sie nur noch einmal im Monat, und zwar jeweils am 25. eine Botschaft geben. Diese monatlichen Botschaften werden laufend in der Informationsschrift »Echo von Medjugorje«, die im Miriam-Verlag kostenlos abgegeben wird, mitgeteilt.

Bericht von Fachexperten an die kirchlichen Behörden

Der folgende Bericht wird den kirchlichen Behörden unterbreitet, die über die Ereignisse in der St.Jakobus-Pfarrei Medjugorje zu befinden haben. Der Verfasser gibt eine kurze Beschreibung seines Lebens und desjenigen seiner Begleiter. Dies zum besseren Verständnis und besseren Beurteilung seines Berichtes.

Zum Verfasser: P.Michael Scanlan, T.O.R., Präsident der Franciscan University of Steubenville, Ohio, U.S.A., früher Rektor des St.Francis Major Seminary in Loretto, Pennsylvania, U.S.A. Verfasser von fünf Werken über das Seelenleben; früher Jurist; Inhaber der akademischen Grade Dr.iur. und Master of Divinity.

Seine Begleiter: P.Philip Bebie, S.P., vollamtlicher Volksmissionsprediger; Studien und Publikationen auf dem Gebiet der Mariologie. P.Anthony Glynn, seit zwanzig Jahren Marist und Missionar in Japan.

Aufgrund der zahlreichen Empfehlungen dreier Pastoraltheologen und zweier hervorragenden Laien faßte ich den Beschluß, mich in die St.Jakobus Pfarrei in Medjugorje zu begeben und dort zu beten sowie von den berichteten Erscheinungen der heiligen Jungfrau Maria Näheres zu erfahren. Dazu lud ich auch zwei Pastoralkollegen ein, wovon einer, der seit vielen Jahren zu meinem Freundeskreis gehört und sich eingehend mit den Erscheinungen von Lourdes und Fatima sowie mit der Kontroverse um die Berichte über die Erscheinungen im spanischen Garabandal befaßt hat.

Am Samstag, dem 5. März 1983, traf ich im Verlauf des Morgens zusammen mit meinen Begleitern in Medjugorje ein. Zuerst beteten wir in der Kirche und machten uns mit den Örtlichkeiten vertraut. Dann stellte ich mich P.Tomislav Vlašić, vor, der gerade im Gespräch mit einigen Jugendlichen draußen vor dem Pfarrhaus war. In der Folge lernte ich im Verlauf der beiden darauffolgenden Tage eine ganze Reihe von Priestern und Ordensfrauen kennen, denen seelische Tiefe, Reife, Klugheit sowie Gottergebenheit und Treue zu der Kirche gemeinsam war. Außerordentlich beeindruckend war ihre Gastfreundschaft und ihre Friedfertigkeit. Ausführlich sprach ich mit P.Tomislav Vlašić, P.Jozo Zovko, P. Tomislav Pervan und Schwester Agnes. Die Antworten aller dieser Personen waren durch Bereitwilligkeit, Offenheit und Spontaneität in bezug auf die Ereignisse in der Pfarrei gekennzeichnet. Ihre Zeugnisse muß ich als glaubwürdig und täuschungsfrei, ohne jede Propagandaabsicht und vollkommen übereinstimmend kennzeichnen.

Priester und Schwestern stehen in enger und hingebungsvoller Kommunikation mit den Gemeindegliedern und den Besuchern, und sowohl ich, wie auch meine Begleiter wurden zu der Bemerkung veranlaßt: „Seht wie sie einander lieben.“ Augenfällig ist die selbstlose Sorge für das Volk in der Beichte, dem Erteilen von Rat und dem Gebet.

Während dieser beiden Tage lernte ich das Leben der Gemeinde dadurch kennen, daß ich mich unter deren Mitglieder begab und an drei Eucharistiefeieren teilnahm. Ich bin zur Überzeugung gelangt, daß ich bei diesen Liturgien mehr Glauben und geistigen Eifer als bei irgend einem anderen Gottesdienst auf der Welt gefunden habe. Einen derartigen Glauben habe ich annähernd nur bei den Segnungszeremonien in Lourdes angetroffen.

Zur Eucharistiefeier kamen viele nicht nur täglich, sondern sonntags zweimal. Ein großer Teil der Pfarreiangehörigen verbringt täglich vier Stunden in der Kirche mit dem Beten des Rosenkranzes, der Teilnahme am Gottesdienst, dem Choralgesang und dem Gebet um Heilung. Bemerkenswert ist die Tatsache, daß bei dem Gesang in der Kirche praktisch jeder mitmacht. Die Gemeindemitglieder sind auch während längerer Zeit rund um die Kirche zusammen, und die Gespräche und das frohe Lachen dieser Gesellschaft erfüllt die Luft. Im weiteren konnten wir auch feststellen, daß ein ausgewogenes Gleichgewicht zwischen Frauen und Männern bei den Gottesdiensten besteht, wie überhaupt bei allen kirchlichen Treffen ein ausgeglichenes Verhältnis von Jung und Alt, Frauen und Männern zu bemerken ist. Während der beiden Tage spürten wir das Walten des Geistes des Friedens, des Glaubens und der Liebe in der ganzen Gemeinde. Wir waren tief davon beeindruckt und suchten deshalb mit allem Eifer, die Ursachen dieser Harmonie zu ergründen.

Vom Klerus, den Ordensfrauen und den Laien erfuhren wir, daß dies in erster Linie auf die Bekehrung aller Pfarreiangehörigen zurückzuführen ist, die eine Folge der Erscheinungen der Jungfrau Maria war, welche am 24. Juni 1981 begannen. Wir hörten die Erzählungen, und diese schienen uns eine vernünftige Erklärung der Vorgänge zu geben, die wir beobachteten.

Dann beschäftigten wir uns eingehender mit den Erscheinungen. In der Frühe des ersten Tages hatten wir Marija getroffen, die in der Küche des Pfarrhauses eifrig an der Arbeit war, ein einfaches, bescheidenes und offensichtlich heiligmäßiges Mädchen, das seine Aufgabe, zu putzen und das Geschirr zu waschen, als vollkommen normal ansah. Um sechs Uhr abends sahen wir Marija, Jakov und Vicka in ihrem besonderen Gebetsraum, in welchen sie sich begeben, nachdem sie in der Kirche einen Rosenkranz gebetet haben. Alle drei machten den Eindruck normaler, gesunder, einfacher und einander liebender Jugendlicher. Wir stellten bei ihnen sowohl die bei Jugendlichen eigene Unruhe und Scheu, als auch einen außerordentlichen Hang zum Beten fest. Als sie in den Gebetsraum, rechts neben dem Chor der Kirche eintraten, begaben sie sich sogleich zum Gebet, ohne die andern Anwesenden zu beachten. Sie knieten vor einem Tisch nieder, über dem sich ein Kreuz und an dessen linker Seite sich eine Marienstatue befanden. Zusammen beteten sie die Vaterunser, die Gegrüßt seist du, Maria, sowie das Ehre sei dem Vater, die ihre Hauptgebete darstellen. Nachdem sie etwa zwei Minuten gebetet hatten, fielen sie plötzlich und im gleichen Augenblick wiederum auf die Knie und richteten ihre Augen auf einen etwa 50 cm oberhalb des Tisches befindlichen Punkt. Auf ihren Gesichtern zeichnete sich der Ausdruck einer tiefempfundenen Freude ab. An jenem ersten Abend sah ich, wie Vicka ihre Lippen zu bewegen begann, wie wenn sie mit jemandem redete. Zwar hörte ich keinen Laut, doch ihr Gesichtsausdruck, ihre Augen, ihr Mund, die ganze Mimik, war erfült von einer großen Freude darüber, den Gruß einer vertrauten, liebenden Person zu vernehmen. Während etwa zwei Minuten wechselte sie in gleichen Zeitabständen jeweils vom Sprechen zum Zuhören. Ich konnte dies sehr leicht beobachten, befand ich mich doch unmittelbar neben ihr und dazu noch seitlich des Tisches. Während ihrer Gespräche mit ihrem unsichtbaren Gegenüber hatten Jakov und Marija ihren innig-freudigen Blick beständig auf den gemeinsamen Ort, etwa 50 cm über dem Tisch, gerichtet. Weder stellte ich bei ihnen irgend ein Augenzwinkern noch eine Änderung der Blickrichtung fest, etwas Bemerkenswertes, besonders bei Jakov, der ein normaler, gesunder, ruheloser Zwölfjähriger ist, der, wie ich selbst beobachtete, vor und nach der Zeit, die er im Gebetsraum verbrachte, sich unablässig bewegte und hin und her blickte.

Während der beiden darauffolgenden Minuten schienen die Seher aufmerksam zuzuhören. In einem bestimmten Moment antworteten sie gleichzeitig mit dem zweiten Teil des Vaterunsers. Während dieser Zeit fühlte ich den Raum von inniger Liebe erfüllt. Nach etwa fünf Minuten nickten die drei aufs Mal, lächelten und standen gleichzeitig auf. Sie grüßten einander und sprachen offen über das Geschehene.

Vicka sprach mit Pater Tomislav, der sich dann zum Altar begab, die heilige Messe zu lesen und zu predigen. Nach bestem Wissen kann ich sagen, daß er dabei die Seher nicht erwähnte, sondern daß alles, was er sprach, sich auf die Schrifttexte des Tages bezog. Nach der Liturgiefeier beteten die drei Seher sieben Vaterunser, Ave Maria und Ehre sei dem Vater. Danach sprachen die Priester ein allgemeines Gebet um Heilung, dem individuelle Heilungsgebete durch die Priester, die drei Jugendlichen und eine Gruppe von etwa zehn anderen jungen Leuten folgten. Während der ganzen Zeit, von 5 bis 8.30 Uhr abends, blieben die Gläubigen, die die Kirche ganz füllten, ruhig, friedlich und ergeben. Es kam weder zu Gemütsausbrüchen noch dazu, daß man sich mit den Sehern beschäftigte. Dies erbaute mich sehr. Dieser erste Abend stellte für mich ganz allgemein ein eindrückliches, ausgezeichnetes geistiges Erlebnis dar, das mich die Eucharistie mit größerer Hingabe als normalerweise feiern ließ.

Am folgenden Abend ging ich nach dem Rosenkranz, kurz vor sechs Uhr, wiederum in den Gebetsraum. Dieses Mal hatten die Seher bereits vor meinem Eintreten gebetet. Kurz nachdem ich gekommen war, gingen sie zum Tisch und begannen stehend zu beten. Nach etwa 20 Sekunden knieten sie gleichzeitig nieder, richteten ihren Blick auf den etwa 50 cm oberhalb des Tisches gelegenen Punkt und begannen wiederum das offensichtliche Gespräch mit einer anwesenden Person. Diesmal schien es, daß Marija und Jakov sich mehr als am Vortag an dem Gespräch beteiligten, doch nahm auch jetzt Vicka die führende Rolle ein. Das Gespräch dauerte länger als das vorangegangene, nämlich etwa zehn Minuten. Die Jugendlichen verhielten sich dabei wiederum gleich, doch empfing ich dieses Mal einen anderen Eindruck. Ich hatte zutiefst das starke Gefühl der Präsenz Mariens, und innerlich spürte ich, wie Maria mich bat, diese Seher in mein Herz aufzunehmen, sie zu hegen und zu schützen. Zudem fühlte ich, wie mir gesagt wurde, stark im Glauben zu sein und die übernatürliche Art dessen, was ich sah, anzunehmen.

Während des zehnminütigen Gebets machte ein Franziskaner für mich Fotos, wobei er zwölfmal einen Blitz benutzte. Mindestens fünf Blitzaufnahmen waren direkt auf die Augen der Jugendlichen gerichtet. In keinem Fall war ein Augenzwinkern oder eine Reaktion auf das Vorhandensein der Kamera oder der andern Leute zu beobachten. Nach etwa zehn Minuten bekreuzten sie sich gleichzeitig, erhoben sich und sprachen sehr angeregt miteinander.

Meine beiden priesterlichen Gefährten und ich baten darum, mit den und für die drei Jugendlichen beten zu dürfen. Mit Vicka wollten wir wegen eines Fußbeschwerdens beten, das sie hatte, und mit Jakov, weil er gerade seinen Geburtstag feierte. Die Seher erklärten sich damit einverstanden, doch sollte dies nicht öffentlich vor den Leuten geschehen. So kamen wir denn überein, mit ihnen später zu beten, nach den sieben Vaterunsern, Ave Maria und Ehre sei dem Vater. Ihre Reaktionen beim Gebet waren gut, wenn auch gepaart mit einer gewissen Verlegenheit, wie dies jedoch bei jungen Menschen als vollkommen normal zu betrachten ist, die sich der Aufmerksamkeit von drei Priestern ausgesetzt sehen.

Über das, was wir gesehen und erfahren hatten, sprachen wir mit den zahlreichen Franziskanern, die zum Beichthören und zum Austeilen der Kommunion hierher gekommen waren. Unserer Meinung nach waren sie sehr gesprächsbereit, sehr offen und in ihren Äußerungen bezüglich der Realität der Erscheinungen vollkommen übereinstimmend. Der Gemeindepfarrer, Pater Jozo Zovko, sagte uns, er habe sich zu Beginn geweigert, zu der Erscheinungsstätte zu gehen oder mit den Erscheinungen in Verbindung gebracht zu werden. Lange Zeit verbrachte er im Gebet, und erst, nachdem er die innerliche Gewißheit über die Wirklichkeit der Erscheinungen erlangt hatte, erlaubte er den Sehern, für die Erscheinungen in die Kirche zu kommen. Nachdem er einmal zur Überzeugung gelangt war, hielt er daran fest, daß die Erscheinungen stattfinden, obwohl dies bedeutete, daß er damit große Schwierigkeiten bekomme. Er wählte nicht die ihm angebotene einfache Lösung.

Schlußfolgerungen:

1. Die einzige Erklärung, die ich für das Verhalten der Jugendlichen während der »Erscheinungszeit« an den beiden Abenden geben kann, besteht in der Feststellung, daß es sich um ein übernatürliches Ereignis mystischer Art handelte, das von den dreien erlebt wurde. Ich habe keinen Beweis dafür gefunden, daß es sich dabei um psychische Halluzinationen handelt.
2. Die einzige Erklärung, die ich für dieses übernatürliche Ereignis finden kann, besteht in der Feststellung, daß es sich in der Tat hierbei um eine Vision oder Erscheinung Mariens, der Muttergottes handelt, die direkt mit den Sehern spricht. Ich finde keinen Beweis dafür, daß hier ein Werk des Teufels vorliegen könnte, und ich halte es für unbegründet, annehmen zu wollen, diese Ereignisse könnten sich auf etwas anderes als die Erscheinungen gründen, an welche die Seher, die Geistlichen und die Gläubigen, die zur Kirche kommen, glauben.
3. Der Friede, der Glaube, die Liebe und die Ordnung, Von denen die Erscheinungen umgeben sind, unterstützen die Auffassung, daß es sich hierbei um göttliches Walten handelt. Der Einfluß des Heiligen Geistes

zeigt sich in der Ergebenheit, der Bescheidenheit und der Liebe der Seher, verbunden mit der klugen Pastoraltätigkeit der Priester und Schwestern.

4. Die Botschaften, von denen die Seher sprechen, sind die Grundbotschaften des Evangeliums von Frieden, Reue, Gebet und Fasten und stehen somit in vollem Einklang mit den Lehren der Kirche. Im weiteren ist es sehr passend, daß Maria betont, in welch schwieriger Epoche wir leben, wieviel Not vorhanden ist, und daß in diesem Zusammenhang die täglichen Erscheinungen als gerechtfertigt erscheinen.

5. Bei allen Beteiligten — den Jugendlichen und den Kirchenleuten — ist eine tiefe Gläubigkeit, verbunden mit Vorsicht und heiligmäßigem Leben, festzustellen. Der Pfarrer zeigte sich selbst sehr zurückhaltend, bevor er sich direkt mit den Erscheinungen befaßte und deren Authentizität bezeugte. Im weiteren ist er eher gewillt, Leiden auf sich zu nehmen als sie abzustreiten.

6. Die Schlüsse, die ich daraus ziehe, sind folgende:
   die Madonna ist den Sehern seit dem 24. Juni 1981 jeweils allabendlich erschienen, dies weil
   1. die Zeiten gegenwärtig derart schwer sind,
   2. die Botschaft in der ganzen Kirche verbreitet werden muß, und
   3. die Seher zu reifen geistlichen Frauen und Männern werden müssen.

* * *

Erlebnisbericht von Pfr. W. Schur, Kartisch / Tirol

Den Gesamteindruck von Medjugorje möchte ich als einen überwältigenden bezeichnen. Warum? Weil der Glaube und die Frömmigkeit und die Herzlichkeit der Bevölkerung für uns blasierte Mitteleuropäer geradezu ein Schock sind. Ich habe viermal bei der hl. Messe konzelebriert und dabei Kommunion ausgeteilt. Dabei habe ich die Gesichter aus genügender Nähe gesehen. Solches Versunkensein im Gebet *bei allen,* man ist sprachlos. Am meisten ist man überrascht von den Jugendlichen, Burschen, Mädchen, Männern. Während bei uns das kirchliche Leben oft nur Frauen und ältere Menschen tragen, ist hier jede Bevölkerungsschicht in der richtigen prozentuellen Verteilung da: Massen Männer, Dreißigjährige, Vierzigjährige, und diese Männer fromm zum Erweichen. Bildhübsche, modern westlich gekleidete Mädchen. Großgewachsene, rassige Burschen.

Das Volk, das bei uns in den Diskotheken »wohnt«, ist täglich drei Stunden in der Kirche, und es ist ihnen keinen Augenblick fad. Die Patres predigen täglich ca. eine halbe Stunde. Und das in einem kommunistischen Land, wo jeder Jugendliche genau weiß, daß ihm dieses Kirchengehen den Arbeitsplatz kosten kann!

Wenn die Leute am späten Nachmittag heranströmen, wenn die Kirche sich zu füllen beginnt, redet ein Pater über die Bekehrung und zwar ganz praktisch übers Beichten. Er macht eine gemeinsame Gewissenserforschung, Sündensuche und dann schickt er die Leute ins Freie: Doch — ich traute meinen Augen nicht — saßen auf zehn Stühlen unter Bäumen, im Feld, in der Wiese, an der Kirchenmauer, *zehn* Priester, vor jedem eine kleine Menschenschlange, gerade so weit entfernt, daß die vordersten von den Beichtenden nichts verstanden. Einer nach dem anderen ging vor, kniete vor dem Priester nieder, flüsterte, der Priester redete ihm zu, Lossprechung, Kreuz, der Nächste. Am Sonntag dürften an die 300 Personen gebeichtet haben. An Werktagen sind es weniger, auch weniger beichtsitzende Priester. Auch wir zwei österreichischen Priester wurden eingeteilt. Aber die mit einem Bus ankommenden Deutschsprachigen verschonten uns. Es sind keine Kroaten. Keiner beichtete.

Die Herzegowina war immer schon ein tieffrommes Land. Erst in den letzten Jahren geschah auch in Medjugorje der moderne Einbruch der »neuen Sitten«. Die Männer im Gasthaus beim Alkohol, die Jugend in der Diskothek. Fernsehen, Vergnügen, Materialismus, viele Feindschaften, Haß, Neid, Ehebruch usw.

Vier Tage vor Beginn der Marienerscheinungen brannte die Diskothek infolge eines Blitzschlages ab. Die Trümmer rauchten während der ersten Erscheinung noch. Die Jugend sah darin ein Zeichen und hat ihren allabendlichen Treff ins Gotteshaus verlegt. Heute sind Alkoholismus, Ehebruch und Feindschaft in Medjugorje kein Problem mehr. Die Menschen haben Gott gefunden und sind darin glücklich. Ganz gewiß ist diese für einen Mitteleuropäer unvorstellbare und unbegreifliche Massenbekehrung *auch das Werk einer hervorragenden Seelsorge der Franziskaner,* die sich dem Volksdrang stellten und ihn kirchlich kanalisierten. „Wir müssen auch zu dem, was die Gottesmutter sagt, Stellung nehmen“, sagte uns ein Pater, „es geht nicht anders“.

Freilich, *nur* als das Werk der menschlichen Seelsorge ist dieser Riesenerfolg nicht erklärbar. Hier zeigt sich eine größere Macht augenscheinlich, und das spricht für mein Empfinden für die Echtheit der Erscheinungen.

Mit den Sehern konnten wir der Sprachschwierigkeiten wegen kein Wort reden. Ich wurde täglich beim An- und Ausziehen des Meßgewandes von ihnen in der Sakristei bedient. Vielleicht haben meine Augen gesprochen. Vielleicht hat Marija, die mich täglich bediente, mein Redenwollen, meine Hilflosigkeit mir angesehen; denn ihre Geste und ihr Blick schienen mir eine Antwort: ein liebevolles »tut mir leid«. Aber eines ist gewiß: Dieses Kind hat eine Ausstrahlung, die ich *sonst nie in meinem Leben* bei einer Gleichaltrigen sah. Dabei sind diese Jugendlichen einer Belastung ausgesetzt, die sich der Außenstehende nicht vorstellen kann: Täglich Feld- und Hausarbeit, Schule, abends die dreistündigen Gottesdienste. Einige Minuten davon die Zeit des Schauens der Erscheinung. Dann anschließend der Menschenansturm. Bei mir in meiner Pfarrei kommt ein solcher Menschenansturm auf mich als Pfarrer höchstens zwei- oder dreimal im Jahr vor, und dann bin ich bereits grantig und ungenießbar.

Bei diesen Jugendlichen geht es so seit zwei Jahren Abend für Abend. Und sie sind nett, freundlich und normal. Soviel weiß ich aus 13 Jahren Schulunterricht und Jugendarbeit: Wie schnell Kinder und Jugendliche Starallüren annehmen, wenn sie auch nur einige wenige Wochen lang im Mittelpunkt stehen. Diese Jugendlichen blieben normal, „enttäuschend normal“ nannte sie der Pater.

Und diese Jugendlichen haben nicht die Spur des Stolzes an sich.

Manche Menschen kommen, um sich über die Marienerscheinungen lustig zu machen, nicht selten sogar Priester, andere mit großer Skepsis. Viele kommen aus purer Sensationsgier.

Die Seher erkennen das Motiv des Kommens sehr schnell, und dem religiös suchenden Menschen geben sie mit von innen kommender Herzlichkeit und Geduld Auskunft, vor den anderen ziehen sie sich zurück.

Das seelische Unberührtsein von jeglicher Verbogenheit, die Natürlichkeit der Seher und jene Ausstrahlung, die ich nicht in Worte fassen kann, sind mir der zweite Hinweis für die Echtheit des Ganzen. Mir scheint eine übernatürliche Handschrift der Ereignisse erkennbar, jedoch nicht bei den Erscheinungen selber, sondern in ihren Auswirkungen, und dazu läßt sich aus der Heiligen Schrift argumentieren: „An ihren Früchten werdet ihr sie erkennen".

Die Früchte von Medjugorje sind gut. Sie sind eine gelungene Bekehrung vieler Tausender, etwas, was bei uns in Österreich unerfüllbares Wunschdenken ist, bis jetzt jedenfalls.

Wir hörten, daß die Ausstrahlung des religiösen Frühlings heute in Jugoslawien alle Provinzen erfaßt hat. Das heißt: sie geht bis Slowenien, bis zur österreichischen Grenze.

Ich bete zu Gott, daß sie dort nicht halt macht.

Ich bin aus Neugierde hingefahren, und wenn ich ehrlich bin: im Hinterkopf versteckt war bei mir wohl der

Gedanke, irgend etwas vom Übernatürlichen mitzubekommen. Mitgekriegt habe ich etwas anderes: Ich glaube wieder an die Volkskirche. Wenn man bei uns den ständigen Rückgang der Jugendlichen beim Gottesdienst sieht; wenn man sieht, wie aus der Kirche aller eine Kirche der Kinder, Frauen und alten Leuten wird und später nur noch eine Kirche der alten Leute, dann beginnt man in seinem Innersten irgendwo zu resignieren.

Ich spreche mit diesen Gedanken nicht die Erfahrungen in meiner eigenen Pfarrei aus. Dort ist es noch nicht so. Aber ich sehe die Entwicklung auch hierher kommen. Ich habe Jahre hindurch unser Volk eigentlich für unbekehrbar gehalten. Die fort sind vom Glauben, bleiben fort. So dachte ich lange. Und wenn ich an religiöse Wiedereroberung glaubte, dann nur bei einigen Gruppen, wie es sie bei den Fokolarini oder bei der Charismatischen Bewegung und ähnlichen gibt. Daß das ganze Volk, vom Kind bis Opa und in der Hauptsache, zwanzig bis fünfzigjährige Männer und Frauen, die Kirche mit Freude füllen, daran glaubte ich nicht mehr. Jetzt glaube ich wieder daran, denn ich habe acht Abende lange gesehen, acht Abende zu je drei Stunden. Ich glaube wieder an die Menschen.

Das ist mein Mitbringsel von Medjugorje. Ich glaube wieder an die religiöse Ansprechbarkeit der Menschen, *aller* Menschen, auch wenn ich das Erfolgsrezept der Herzegowina nicht nach Österreich zu übertragen weiß. Vermutlich ist das Erfolgsrezept doch die Gottesmutter und nur sie im Verein mit der göttlichen Gnade.

Pfarrer Werner Schur, Kartisch

(Dieser Teilbericht ist entnommen der Osttiroler Zeitung.)

C	wird immer als »z« oder »tz« ausgesprochen
Č, Ć	als »tsch«
Đ, đ	als »dsch« (wie »g« im Italienischen: »ge« oder »gi«; oder »j« im englischen »Jim, july«; im Kroatischen manchmal als »dj« geschrieben)
H	immer als »ch«
Lj	ein Konsonant, wie italienisch »gli« in »voglio«
Nj	ein Konsonant, wie »gn« in Kampagne«
R	immer hart ausgesprochen
S	immer scharf, als »ss« oder »ß«
Š	als »sch«
V	immer als »w«
Z	immer als »s« in Rose
Ž	als »g« in Gendarm

Die Vokale werden immer klar ausgesprochen, ohne Färbung, wie z.B. bei »e« in Deutsch.

Die Konsonanten immer gleich ausgesprochen. »b«, »d«, »g« immer weich.

Das »r« zwischen den Konsonanten ist ein Vokal!

Die Betonung kann sehr verschieden sein, aber nie auf der letzten Silbe (Hier jeweils mit Fettdruck angedeutet.)

Die kroatische Schrift ist phonetisch, im Gegensatz zur deutschen, französischen oder englischen.

Die Aussprache der Namen und kroatische Worte

anđeli moji	andscheli moji »meine Engel«
aŝik	aschik
Bijakovići	Bijakowitschi
Bijelo Polje	Bijelo Polje (lj wie gli italienisch)
Blaẑenka	Blazenka (z wie g in Gendarm)
Brotnjo	Brotnjo (nj wie gn in Kampagne)
Bukovica	Bukowitza
Cerno	Zerno
Cibona	Zibona
Crnica	Tzrnitza
Čapljina	Tschapljina
Čitluk	Tschitluk
Čolo, Jakov, (Jakŝa)*	Tscholo, Jakow (Jakscha)
Čuvalo, Zrinko	Tschuwalo, Srinko
Dragićević, Ivan	Dragitschewitsch, Iwan
Dragićević, Mirjana	Dragitschewitsch, Mirjana
Dubrovnik	Dubrownik
Duvno	Duwno
Falak, Vlado	Falak, Wlado
Foĉa	Fotscha
Franić, Frane	Franitsch, Frane
Fratar, Fratri	Fratar, Fratri »Pater«
Glas Koncila	Glass Konzila
Gorica	Goritza
Gornja Stubica	Gornja Sstubitza
Gospa	Gospa »Jungfrau Maria«
Gradnići	Gradnitschi
Ivanković, Ivanka (Ivica)*	Iwankowitsch, Iwanka (Iwitza)
Ivanković, Vida (Vicka)*	Iwankowitsch, Wida (Witzka)
Ilić, Žarko	Ilitsch, Zarko (z wie S in Rose)
Imotski	Imotski
Izbiĉno	Isbitschno (z wie s in Rose)
Kloŝtar Ivanić	Kloschtar Iwanitsch
Kravica	Krawitza
Kriẑevac	Krizewatz »Kreuzberg«
Kriẑić Jozo	Krizitsch, Joso (z wie oben)
Krŝni Zaviĉaj	Krschni Sawitschaj

---

* Namen mit Klammern sind Kosenamen

Kuharić, Franjo	Kucharitsch, Franjo (nj wie oben)
Leskovac	Leskovatz
Ljubuŝki	Ljubuschki (lj wie oben)
Marija Bistrica	Marija Bisstritza
Međugorje	Medschugorje
mir	mir »Friede«
Mostar	Mostar
Naŝa Ognjiŝta	Nascha Ognjischta (nj wie oben)
Neretva	Neretwa
ode	ode »sie ist gegangen«
Pavlović, Marija	Pawlowitsch, Marija
Poĉitelj	Potschitelj (lj wie oben)
Posuŝje	Possuschje
Rupĉić, Dr Ljudevit	Ruptschitsch, Dr Ljudewit
Sarajevo	Ssarajewo
Split	Ssplit
Subotica	Subotitza
Sveta Baŝtina	Ssweta Baschtina
Šabac	Schabatz
Varaẑdin	Warazdin (ẑ wie oben)
Vasilj, Jelena	Wasilj, Jelena
Vasilj, Jozo	Wassilj, Joso (lj wie oben)
Vasilj, Marijana	Wassilj. Marijana
Vasilj, Stanko	Wassilj, Sstanko
Vlaŝić, Ferdo	Wlaschitsch, Ferdo
Vlaŝić, Tomislav	Wlaschitsch, Tomislaw
Vjesnik Nadbiskupije Splitsko-Makarske	Wjesnik Nadbikupije Ssplitsko-Makarske
Vojvodina	Wojwodina
Zagreb	Sagreb (z wie s in Rose,)
Zajeĉar	Sajetschar (z wie s in Rose)
Zbogom	Sbogom (z wie s in Rose) »mit Gott«
Zbornik	Sbornik (z wie s in Rose)
Zovko, Jozo	Sowko, Joso (z wie in Rose)
Žitomislići	Zitomislitschi (ẑ wie oben)

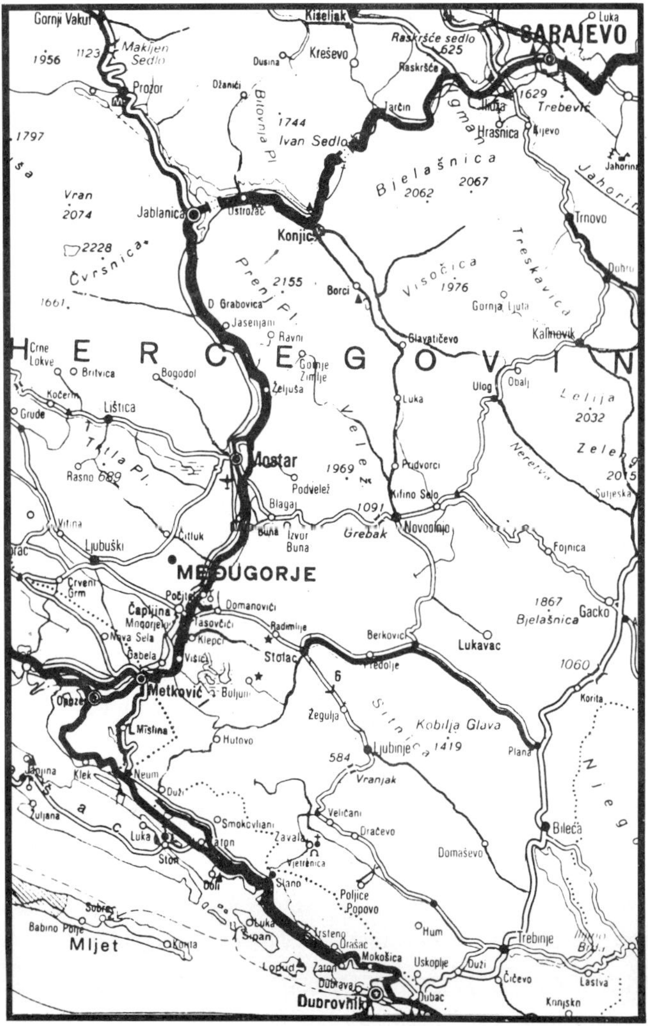
Gornji Vakuf
1956
1123
Makljen Sedlo
Prozor
Dusina
Kreševo
Kiseljak
Raskršće sedlo 625
Raskršće
SARAJEVO
Luka
Džanići
Bitovnja Pl
1744
Ivan Sedlo
Tarčin
1629
Trebević
Ilidža
Hrasnica
Kijevo
Igman
Jahorina
1797
Vran 2074
Jablanica
Ostrožac
Konjic
Bjelašnica 2062 2067
Trnovo
2228
Čvrsnica
Prenj Pl.
2155
Borci
Visočica 1976
Treskavica
Gornja Ljuta
1661
D Grabovica
Jasenjani
Ravni
Glavatičevo
Kalinovik
H E R C E G O V I N
Crne Lokve
Britvica
Bogodol
Gornje Zimlje
Željuša
Ulog
Obalj
Lelija 2032
Kočerin
Grude
Lištica
Velež
Mostar
1969
Zelengora
2015
Rasno 689
Podvelež
Prudvorci
Neretva
Kifino Selo
Sutjeska
Blagaj
1091
Novoolnjo
Vitina
Čitluk
Buna
Izvor Buna
Grebak
Fojnica
Ljubuški
MEĐUGORJE
Crveni Grm
Počitelj
Domanovići
1867
Bjelašnica
Gacko
Čapljina
Tasovčići
Radimlje
Nova Sela
Klepci
Berkovići
Lukavac
Gabela
Višići
Stolac
Predolje
1060
Opuzen
Metković
Boljuni
Korita
Žegulja
Kobilja Glava
Mislina
Hutovo
Ljubinje
1419
Plana
584
Vranjak
Klek
Neum
Duži
Veličani
Žuljana
Smokovljani
Dračevo
Bileća
Luka
Zaton
Zavala
Domaševo
Ston
Vjetrenica
Doli
Slano
Poljice
Popovo
Sobra
Babino Polje
Mljet
Luka
Šipan
Trsteno
Orašac
Hum
Trebinje
Kona
Mokošica
Uskoplje
Duži
Lopud
Zaton
Dubrava
Čičevo
Lastva
Dubrovnik
Dubac
Konjsko

Wie man nach Medjugorje kommen kann

Mit dem Zug: Zagreb — Sarajevo — Mostar. Von Mostar nach Čitluk und Medjugorje gibt es Autobusse.

Mit dem Auto: Zagreb — Medjugorje (über Okučani — Banjaluka — Jajce — Bugojno — Gornji Vakuf — Jablanica, Mostar) ist 454 km.

Die andere Richtung (über Karlovac — Bihać — Bosanski Petrovac — Titov Drvar — Bosansko Grahovo — Livno — Imotski — Ljubuški) ist etwas länger: 484 km, aber man kann um eine Stunde schneller ans Ziel kommen: in sieben Stunden, die Staße über Banjaluka in 8 Stunden.

Von Mostar Richtung Lištica. Dann etwas weiter gibt es einen Pfeil Richtung Ljubuški, dann über Čitluk, und etwa 3 km weiter gibt es eine Kreuzung und Pfeil nach links: Medjugorje.

Oder die »Jadranska magistrala« der Adriaküste entlang: Rijeka — Zadar — Split — Makarska, und dann etwas weiter kommt eine Straße links Richtung Mostar, über Ljubuški. Die Entfernung ist wesentlich größer als von Zagreb, außerdem ist die Straße der Küste entlang wegen der vielen Kurven nicht so günstig. Zudem gibt es während der Saison sehr viel Verkehr.

Wenn jemand an der Adria Urlaub macht, dann von Norden Richtung Split — Makarska — Mostar wie oben, oder von Süden Dubrovnik — Metković — Čapljina — Ljubuški.

In Čitluk gibt es ein Hotel der B-Kategorie. Weitere Unterkunftsmöglichkeit gibt es in Ljubuški und Mostar. Der Preis in Čitluk: Etwa 20 DM pro Person, inkl. Frühstück.

Aktuelle Bücher zum gleichen Thema:

Marijan Ljubić

Medjugorje - *Kurzbericht über die Marienerscheinungen*

Wiederholt wurde nach einer Kurzfassung der Ereignisse in Medjugorje gefragt. Diese Kleinschrift bringt nur die herausragenden Geschehnisse in knapper Form. Es handelt sich um einen Auszug aus dem Buch von Marijan Ljubić. Der günstige Preis ermöglicht eine großzügige Verbreitung der Botschaft der Gottesmutter um Bekehrung und Frieden in der Welt.

48 Seiten, 8 Farbbilder, DM 2.50

Ljudevit Rupĉić

Erscheinungen Unserer Lieben Frau zu Medjugorje

Eine theologische Bewertung und Augenzeugenberichte

Dr. Rupĉić ist einer der bekanntesten Theologen in Jugoslawien. Von Anfang an hat er sich als Fachtheologe mit den Marienerscheinungen kritisch befaßt und seine Erkenntnisse und Studien in dem Buch: »Gospina ukazanja u Medjugorju« veröffentlicht. In Jugoslawien hat es starkes Interesse gefunden und schon einige Auflagen erlebt. Hier liegt die vollständige deutsche Übersetzung vor. 224 S., 16 Farbbilder, DM 16.80

Zarko Ilić

Freudige Glaubenserfahrungen in Medjugorje

Der Autor dieser Schrift hat quer durch alle Bevölkerungsschichten Personen aus Medjugorje über ihre Erlebnisse und Erfahrungen in Bezug auf die Marienerscheinungen befragt. Dabei ist beachtenswert, daß er nur solche Zeugnisse verwendet, die mit ihrem Namen dazu stehen. Das Büchlein erschien bereits in kroatischer Sprache in Jugoslawien und hat schon viele Menschen tief beeindruckt. Es gibt ein klares Zeugnis der Einwohner von Medjugorje. 96 Seiten, 6 Farbb., DM 6.80

Janko Bubalo

Ich schaute die Gottesmutter

Gespräche mit der Seherin Vicka in Medjugorje

Dr. Theodor Kurrus, schreibt: Dieses Buch nach dem kroatischen Original hat mich endlich überzeugt. Alle anderen Bücher, auch Tonfilme, hinterließen in mir einen Rest von Zweifel. Aber diese intensiven Gespräche des Paters mit der ältesten der Seherinnen durch längere Zeit hindurch, sind überzeugend. Nichts entging ihm und methodisch erfragte er alles, was man etwa in einem Prozeß hätte erfragen können. Also von Leichtgläubigkeit keine Spur. Man legt das Buch aus der Hand mit der Überzeugung: die Gottesmutter, die »Gospa« erscheint den Kindern fast täglich. 256 Seiten, 16 Bilder DM 19.80

Emanuele

Medjugorje — Ein Ereignis in Bildern

Dieser Bildband über das Geschehen in Medjugorje bringt die Ereignisse der Marienerscheinungen von Anfang bis in die Gegenwart. Das ganze Buch ist mit farbigen Bildern und entsprechenden Texten ausgestattet. Einer, der die Marienerscheinungen noch nicht kennt, wird über alle wesentlichen Ereignisse gut informiert. Daher kann dieses Buch zum Weitergeben oder Verschenken gut gebraucht werden. Es hat einen festen Einband und ein handliches Format. 72 S., 50 Farbb. DM 19.80

Armand Girard / Janko Bubalo

Medjugorje — Ein gesegnetes Land

Dies neue Buch über Medjugorje berichtet über die außergewöhnlichen Erlebnisse der beiden Priester Girard in Medjugorje und offenbart die Erlebnisse der Mystikerin Georgette Faniel, Kanada, die für Medjugorje vom Himmel einen ganz besonderen Auftrag bekommen hat. Es berichtet weiter über die Entstehung von Gebetsgruppen und bringt interessante Gespräche mit zwei Sehern. 238 Seiten, 25 Farbbilder, DM 24.8O

MIRIAM - VERLAG · D-7893 JESTETTEN